Goddess Girls series:#3 APHRODITE THE BEAUTY by Joan Holub and Suzanne Williams
Copyright © 2010 by Joan Holub and Suzanne Williams
All rights reserved.
This Korean edition was published by RH Korea Co., Ltd in 2013 by arrangement with
Joan Holub and Suzanne Williams c/o EDEN STREET LLC through KCC(Korea Copyright
Center Inc.), Seoul.

이 책은 (주)한국저작권센터(KCC)를 통한 저작권자와의 독점 계약으로 (주)알에이치코리아에서 출간되었습니다.
저작권법에 의해 한국 내에서 보호를 받는 저작물이므로 무단 전재와 복제를 금합니다.

올림포스 여신스쿨

3 아프로디테의 질투

조앤 호럽, 수잰 윌리엄스 글 · 이영 그림 · 김경희 옮김

주니어 RHK

편집의 여신 에밀리 로렌스에게

− 조앤 호럽과 수잰 윌리엄스

차례

1 하여간 남자애들이란 • 09

2 꽃단장 • 26

3 기숙사 파티 • 43

4 히포메네스 • 62

5 우울한 쇼핑 • 78

6 소문 • 99

7 올리브 과수원 •115

8 말다툼 •133

9 달리기 경기 •145

10 천생연분 •160

11 붉은 장미 •170

1 하여간 남자애들이란

아프로디테는 키클롭스 선생님의 영웅학 교실에 허겁지겁 자리를 잡고 앉았다.

디리링.

곧바로 리라 종이 울리며 올림포스 학교의 새로운 하루가 시작되었다.

아프로디테가 분홍 리본을 엮어 넣은 금발 머리를 귀 뒤로 살짝 넘기자 순간 교실의 모든 남자아이들 눈길이 아프로디테에게 쏠렸다. 아프로디테는 내심 그 눈길을 의식하고 있었다.

'흠, 아침에 준비하느라 너무 바빴는데. 설마 립글로스가 이에 묻은 건 아니겠지?'

아프로디테는 고개를 살짝 들며 반 아이들을 향해 방글방글 웃어 보였다. 그러다 아프로디테의 눈길이 켄타우로스에게 닿았다. 켄타우로스는 상반신은 사람인데 하반신은 말이다 보니 의자에 앉을 수가 없어서 교실 뒤에 서 있었다. 아프로디테가 푸른 눈동자를 반짝이며 눈을 마주치자 켄타우로스는 얼굴이 벌게져서 얼른 고개를 돌렸다.

그런가 하면 몇몇 대담한 남자아이들은 대놓고 아프로디테를 빤히 쳐다보았다. 누가 봐도 아프로디테를 좋아하는 티가 확 났다. 아프로디테는 남자아이들의 시선을 짐짓 모른 척하며 가방에서 영웅학 두루마리 교과서를 꺼냈다. 사랑과 미의 여신인 아프로디테는 그런 반응에 익숙해져 있었고, 솔직히 말하자면 어느 정도 당연하게 여기기도 했다. 지금껏 아프로디테의 아름다움에 넋이 나가 버린 신이 한둘이 아니었기 때문이다. 남자아이들은 아프로디테를 그저 한 번 바라보기만 해도 대책 없이

사랑에 빠져드는 것 같았다. 아프로디테 앞에 서기만 하면 어쩔 수 없는 모양이었다.

아프로디테는 건너편에 앉아 있는 아테나를 쳐다보며 주의를 끌려 했다. 이번 주 영웅학 수업에서는 내내 여러 인간 남녀에 대한 토론이 진행되고 있었다. 그런데 아프로디테는 최근 한 인간 아가씨에 대해서 아주 흥미로운 소문을 듣게 되었고 아테나도 그 이야기를 알고 있는지 궁금했다. 소문에 따르면 그 아가씨는 발이 바람처럼 빨라서 어느 남자보다도, 심지어 야수보다도 빨리 달린다는 것이었다. 그러나 늘 그렇듯이 아테나는 교과서에 얼굴을 푹 파묻고 있었다. 아프로디테가 소리 내어 아테나를 부르려 하자, 아테나 바로 뒤에 앉아 있던 메두사가 옆으로 몸을 쓱 기울였다.

메두사의 머리에는 머리카락 대신 초록 뱀이 쉭쉭거리며 몸을 꿈틀대고 있었다. 메두사가 기다란 초록 손톱으로 아프로디테를 톡톡 치자 뱀도 따라서 혀를 날름거렸다. 메두사는 한껏 빈정대며 물었다.

"어머, 너 하마터면 지각할 뻔했잖아. 뭐, 문제라도 생긴 거야, 뽀글이?"

심술 맞은 스테노, 에우리알레, 메두사 세쌍둥이는 기회만

생겼다 하면 '뽀글이'라는 짜증스런 별명으로 부르며 아프로디테가 바다 거품에서 태어난 사실을 놀려 댔다.

"그런 거 없어."

아프로디테는 퉁명스럽게 대답했다. 늦잠을 잤다는 걸 다른 사람도 아니고 메두사에게 털어놓을 수는 없었다. 괜히 놀림거리나 늘려 주는 셈밖에 되지 않을 테고, '미인은 역시 잠꾸러기'라는 둥의 소리나 들을 게 분명했다.

초록 뱀 머리를 한 천적이 뭐라고 또 쏘아붙이려는 찰나, 다행히 키클롭스 선생님이 어떤 학생과 하던 이야기를 마치고 자리에서 일어났다. 선생님의 거대한 눈동자가 교실 안을 쓱 훑자 아이들은 순식간에 조용해졌다.

'흠, 오늘은 어떤 주제로 토론을 하게 될까?'

아프로디테는 궁금증이 솟았다. 전날 키클롭스 선생님은 반 아이들에게 신이 자신의 마음에 드는 인간에게 얼마나 그리고 어떤 도움을 줘야 한다고 생각하는지 의견을 물었다. 아프로디테는 사람들이 사랑에 빠지면 기꺼이 도우려 했기 때문에 그 점에 대해 이야기해 보고 싶었다. 하지만 남자아이들은 대번에 토론을 무기나 전쟁 이야기 등 아프로디테는 전혀 관심 없는 영역으로 끌고 가 버렸다.

아프로디테는 가방에서 분홍색 파피루스 공책을 꺼내어 좋아하는 빨간색 깃털 펜으로 잔뜩 하트 낙서를 하기 시작했다.

키클롭스 선생님이 목청을 가다듬고서 말했다.

"얘들아, 오늘은 '인간 여자는 누구나 결혼해야 하는가?'라는 점을 함께 생각해 보자꾸나."

아프로디테는 깜짝 놀라 펜을 떨어뜨렸다가 다시 똑바른 자세로 고쳐 앉았다. 그야말로 구미가 확 당기는 주제였다!

'흥, 남자애들아. 어디 한번 이 문제도 무기니 전쟁이니 하는 이야기로 바꿀 수 있으면 바꿔 봐.'

아프로디테는 손을 번쩍 들었다.

"그래, 아프로디테. 네 의견은 뭐냐?"

키클롭스 선생님이 물었다.

"저는 젊은 여자가 독신으로 지내는 건 좋지 않다고 봐요. 누구든지 한 번쯤은 사랑을 해 봐야죠."

"하지만 그 여자가 독신으로 지내는 걸 더 좋아한다면?"

옆에서 아테나가 물었다.

"만약 그 여자가 연애 말고 다른 데 관심을 갖고 있으면 어떻게 해? 예를 들어 세계 여행이라든가, 으뜸가는 학자가 된다든가, 아니면 음…… 발명을 한다든가?"

아프로디테는 아테나를 보며 생긋 웃었다.

'불쌍한 아테나. 아직 제대로 된 남자 친구가 없어서 저런 말을 하는 거야. 첫사랑에 빠져 보면 완전 생각이 달라질 텐데.'

아프로디테는 상냥하게 대답했다.

"그런 생각을 하는 건, 아마 그 사람이 아직 꼭 맞는 짝을 찾지 못해서일 거야."

그러자 아테나가 반대 의견을 내어놓았다.

"하지만 모든 남자가 결혼하는 건 아니잖아? 그런데 왜 여자는 해야 하는 거지?"

그 말에 포세이돈이 삼지창을 위로 번쩍 치켜들었다. 늘 그렇듯이 포세이돈의 몸과 삼지창에서 물이 뚝뚝 떨어지는 바람에 의자 밑에 웅덩이가 생길 지경이었다. 포세이돈은 대단한 사실을 선포하기라도 하는 듯이 말했다.

"그건 많은 남자가 군인으로 사는 걸 더 선호하기 때문이야."

그러자 남학생 중 누군가 대뜸 맞장구를 쳤다.

"그렇지! 당연히 결혼보다 전쟁이 더 중요하잖아."

아프로디테는 눈을 한 번 굴리더니 대꾸했다.

"어머, 그래? 그럼 넌 전쟁과 결혼 중 어느 쪽이 인류의 생존에 더 기여하는 것 같아?"

그 말에 키클롭스 선생님이 껄껄 웃었다.

"아프로디테, 좋은 지적이로구나."

바로 그때, 치직거리는 소리가 들리더니 교내 방송이 시작되었다.

"아, 아, 올림포스 학생 여러분!"

제우스 교장 선생님의 목소리가 귀청이 터질 듯이 울려 퍼졌다. 모든 학생들이, 심지어 키클롭스 선생님마저도 자동으로 귀를 막았다.

"전차 탑승 시 주의사항에 관한 특별 교육이 10분 후에 시작됩니다. 모두 강당으로 모이세요."

키클롭스 선생님은 이렇게 수업 시간 중에 갑자기 끼어들면 어쩌느냐며 못마땅한 듯이 구시렁거리더니 한숨을 푹 쉬고서 말했다.

"자, 자, 여러분. 문 앞에 일렬로 줄을 서도록."

여느 때라면 아프로디테도 무슨 일로든 수업이 중지되는 걸 반겼을 터였다. 하지만 하필 이렇게 흥미로운 주제가 등장한 날 수업이 도중에 끝나게 되다니! 게다가 매년 되풀이되는 전차 안전 교육은 정말 죽을 만큼 지루했다.

'아니, 모퉁이를 돌 때 속력을 줄이지 않으면 전차가 뒤집힐 수 있다거나, 태양을 향해 곧장 날아갔다가는 끝장이라는 걸 대체 누가 모른다고 매번 이렇게 야단일까?'

그나마 이번 교육은 제우스 신이 직접 전차 운전 시범을 보여 준 덕에 분위기가 조금 나았다. 교육이 끝나자 어느새 점심시간이 되어 있었다. 아프로디테는 너무나 허기가 졌다. 단짝인 아테나, 아르테미스, 페르세포네와 함께 학교 식당에 줄을 섰을 때, 아프로디테의 배에서는 구르릉구르릉 화산 폭발음이 들리기 시작했다. 그 소리에 친구들은 까르르 웃음을 터뜨렸다.

아르테미스가 장난치듯 말했다.

"누군지 몰라도 서 있기 되게 힘들겠다."

아프로디테는 얼굴이 발개졌다.

"응, 나 오늘 배가 좀 많이 고파."

그다지 큰 목소리도 아니었는데 주변에서 아프로디테가 고래고래 고함을 지르기라도 한 것 같은 반응이 일기 시작했다. 대번에 앞에 서 있던 소년 신들이 아프로디테의 목소리에 단체로 고개를 휙 돌리더니 눈길을 끌어 보려고 열을 올렸다.

열 명쯤 앞에 서 있던 포세이돈이 소리를 질렀다.

"아프로디테, 이리 와! 내가 비켜 줄게."

포세이돈은 아프로디테 쪽으로 한 걸음 나서다가 뒤에 선 아이의 샌들에 물을 뚝뚝 흘리고 말았다. 바로 아프로디테가 학교 남자아이 중 가장 매력적이라고 생각하는 아레스였다. 아레스는 포세이돈을 잡아먹을 듯이 노려보며 쏘아붙였다.

"어이, 생선 대가리! 어디다 물을 흘리는 거야?"

아레스가 사방에 물을 튀겨 가며 한쪽씩 번갈아 발을 털어 대자 포세이돈도 질세라 아레스를 노려보았다. 포세이돈이 뭔가 한마디 쏘아붙이려는 듯 입을 열었다가 참느라고 도로 입을 다물었다. 그런데 그 모습이 정말 생선이 입을 뻐끔거리는 것 같았다.

아레스는 포세이돈을 싹 무시한 채 아프로디테를 향해 돌아서더니 눈부신 미소를 지어 보였다.

"내가 비킬게. 부디 내 자리에 서 줘."

아프로디테는 망설였다. 아레스는 때때로 한없이 짓궂었지만, 아프로디테가 보기엔 솔직히 뭐랄까…… 거부할 수 없는 매력이 있었다. 근육질 몸매도, 반짝이는 금발 머리도, 새파란 눈동자도 너무 근사했다.

아프로디테는 머뭇머뭇 미소 지으며 아레스 쪽으로 한 걸음 다가갔다. 그러자 아테나가 아프로디테의 팔을 붙잡았다.

"아프로디테, 설마 너 아레스 자리로 갈 건 아니지?"

아테나는 아레스에게 들리지 않도록 낮은 목소리로 말했다.

"그건 앞에 서 있는 다른 여신에게 불공평한 일이잖아."

"아, 그렇지."

아프로디테가 다시 돌아와 줄에 끼자 이번에는 아틀라스가 소리쳤다.

"어이, 아프로디테! 이리 내 옆으로 와!"

아틀라스는 우람한 팔로 뒤에 서 있던 비썩 마른 소년 신을 번쩍 들어 올렸다.

"여기 헤파이스토스 자리에 서."

헤파이스토스는 버둥거리며 소리 질렀다.

"어서 내려놔, 이 황소 같은 놈아!"

아프로디테는 한숨을 푹 쉬었다.

"맙소사! 아틀라스, 그만둬."

"네가 원한다면야."

아틀라스는 어깨를 한 번 으쓱하더니 헤파이스토스를 내려놓았다. 그랬더니 이번에는 포세이돈과 아레스가 자그락거리기 시작했다.

"아휴! 이러다 결국 누구 하나 다치고 말 거야!"

페르세포네는 불안한 듯 손가락으로 빨간 곱슬머리를 빙빙 꼬아 댔다. 하는 수 없이 아프로디테는 남자아이들 앞으로 나서며 인상을 팍 썼다.

"페르세포네 말이 맞아. 그만들 해! 너희 도대체 뭐니? 유치원생이야?"

포세이돈과 아레스가 멋쩍어 하며 떨어졌다. 그러자 아프로디테는 가능한 사랑스러운 목소리로, 그러나 싸움은 절대 용납할 수 없다는 의지를 담아 말했다.

"제안은 고맙지만 난 다른 아이들과 같이 내 차례를 기다릴 거야."

10분 후, 마침내 아프로디테와 세 친구는 즐겨 앉는 식탁에 함께 자리를 잡았다. 아프로디테는 배가 고팠지만 짜증이 나서

맛난 암브로시아를 몇 입 뜨는 둥 마는 둥 하더니 그릇을 옆으로 밀었다.

"벌써 배불러?"

냠냠대며 식사를 하던 아르테미스가 물었다. 아르테미스의 발치에는 블러드하운드인 수에즈, 그레이하운드인 넥타, 비글 앰비가 앉아 있었다. 그 세 마리는 아르테미스가 어디를 가든지 따라다녔다.

"아니, 그냥 남자애들 때문에 밥맛이 떨어져서. 남자애들은 맨날 무기나 전쟁 생각밖에 없어. 심지어 내 관심을 끄는 것도 싸워서 해결하려 하잖아!"

그러자 페르세포네는 신들의 음료인 넥타르를 홀짝홀짝 마시면서 아프로디테를 슬며시 놀렸다.

"불쌍한 아프로디테. 다른 여신들은 남자애들 시선을 끌고 싶어서 죽을 지경인데 넌 넘쳐서 탈이구나."

페르세포네는 잠깐 생각해 보더니 한마디 덧붙였다.

"하긴 그걸로 죽을 리는 없겠다. 다들 불멸의 존재이니까."

아테나는 밥을 먹으면서도 반짝이는 파란색 미모학 교과서를 훑어보고 있다가 아프로디테의 말에 두루마리를 내려놓더니 어리둥절한 얼굴로 물었다.

"아프로디테, 난 네가 주목 받는 걸 좋아한다고 생각했는데?"

아프로디테는 어깨를 한 번 으쓱했다.

"그렇지도 않아. 오늘 한 번만 더 어느 남자애가 책을 들어 주겠다느니 숙제를 도와주겠다느니 하면 난 정말 소리 지르고 말 거야!"

"진짜?"

아테나는 인상을 찌푸리면서 조금 전보다 더 적극적으로 질문 공세를 폈다.

"그런데 넌 영웅학 수업에서는 누구나 사랑을 해 봐야 한다고 했잖아."

"그건 인간에 대해서지. 그리고 어느 소년 신이 나한테 법석을 떤다고 해서 무조건 그 애가 날 사랑한다는 뜻은 아니야."

사실 아프로디테는 늘 궁금했다.

'만약 내가 아름답지 않다면 멋진 남자애들이 지금같이 불꽃을 향해 달려드는 부나방처럼 내 주변을 맴돌려 할까?'

물론 답을 알 수는 없었다. 왜냐하면 아프로디테는…… 그러니까…… 예쁜 게 당연하기 때문이었다.

"하지만 대부분의 여자애는 남자애가 자기 때문에 법석을 떠는 걸 좋아하잖아."

아테나가 계속 물고 늘어졌다. '어떤 여자'는 혼자 지내며 공부하는 걸 더 좋아할 수도 있다는 주장을 펼친 것도 그렇고, 아테나는 이 주제에 대해 대단한 관심을 보였다.

아프로디테는 완벽한 눈썹을 치켜세웠다.

"모르는 사람이 들으면 영락없이 네가 남자애들 관심을 사고 싶어서 안달난 줄 알겠어."

"누구? 나? 어휴, 난 그런 하찮은 일에 신경 쓸 틈 없어."

아테나는 중얼중얼 대답하더니 다시 미모학 교과서에 얼굴을 파묻었다.

아프로디테는 페르세포네, 아르테미스와 재미있다는 듯이 눈길을 주고받았다. 아르테미스는 얼른 다른 이야기를 시작했다. 하지만 아프로디테는 고개를 숙이고 있는 아테나의 뒤통수를 가만히 쳐다보았다. 전 과목 만점을 받는 아테나는 아프로디테의 친구 중에서 영특하기로는 단연 으뜸이었고, 나이는 가장 어렸지만 다른 친구들과 같은 학년 수업을 듣고 있었다. 그러나 지금까지 아테나는 단 한 번도 남자애들에게 관심을 보인 적이 없었다. 마찬가지로 남자애들도 아테나에게 통 무관심했고, 말을 걸어 보려고 하지도 않았다.

아테나가 책에서 고개를 들었다.

"뭐야? 왜 그렇게 빤히 쳐다보니?"

"아무것도 아니야."

아프로디테는 가볍게 대답했다. 하지만 아테나가 다시 두루마리 책으로 눈길을 돌리자, 아프로디테의 머릿속은 그날 아침 특별 교육 때 보았던 제우스 신의 전차보다도 더 빨리 돌아가기 시작했다.

'아하! 아테나는 사실 남자아이들의 관심을 받고 싶어서 우리에게 신호를 보내는 거야!'

비록 자신은 남자아이들의 우스꽝스러운 짓거리에 질렸다 하더라도 아프로디테는 기꺼이 다른 이의 사랑을 싹틔워 주고 싶었다. 물론 파리스와 헬레네 사이는 그 성가신 트로이 전쟁 때문에 이루어지지 않았지만, 그래도 최소한 아프로디테는 둘을 맺어 주려고 '노력은' 했다.

'그래, 그거야! 인간들이 사랑에 빠지도록 거들 수 있다면 신이라고 못할 것 없잖아? 내 재능을 이용해서 아테나가 첫사랑

을 만나도록 도와줘야지!'

아프로디테는 생각만 해도 신이 났다. 그러나 일단 차근차근 작전부터 짜야 했다.

아프로디테는 잘 다듬은 연분홍 손톱을 탁자에 톡톡 두드리며 아테나의 덥수룩한 갈색 머리칼을 흘깃흘깃 쳐다보았다. 아테나의 민낯과, 유행에 한참 뒤떨어진 평범한 흰색 키톤을 차례로 살피던 아프로디테에게 갑자기 좋은 생각이 떠올랐다.

'꽃단장 체험! 바로 그거야. 온 학교 남학생이 정신 바짝 차리고 아테나를 다시 보게 될 거야.'

계획이 마련되자 아프로디테는 어서 실행에 옮기고 싶어 견딜 수가 없었다!

2 꽃단장

 수업을 마치자 아프로디테와 친구들은 4층 여학생 기숙사로 가기 위해 대리석 계단을 올랐다. 계단을 반쯤 올라갔을 때 아프로디테가 말을 꺼냈다.
 "얘들아, 우리 같이 아테나를 꽃단장해 주자."
 "뭐, 뭐라고?"
 아테나는 놀라서 하마터면 두루마리가 잔뜩 든 가방을 떨어뜨릴 뻔했다.
 "꽃단장 체험 프로젝트."
 아프로디테가 되풀이해서 말했다.
 "머리, 손톱, 화장, 옷, 전부 다! 어때? 널 완전 새로운 여신으로 만들어 줄게!"
"어머나, 근사한 생각이야!"
페르세포네가 빨간 곱슬머리를 매만지며 맞장단을 쳤다.
"그래, 이왕 시도할 거면 나보다야 아테나가 낫지."
아르테미스도 한마디 거들면서 어깨에 걸치고 있는 화살집과 활을 고쳐 멨다. 아르테미스의 개들이 혀를 밖으로 빼물고서 침을 튀겨 가며 주인을 쫓아 계단을 껑충껑충 뛰어오르자, 아프로디테는 가능한 멀찍이 물러섰다.
아테나는 친구들 말에 표정이 굳어졌다.
"왜? 지금의 나한테 무슨 문제라도 있는 거야?"
"아니, 전혀."
아프로디테는 황급히 대답하고서 한마디를 덧붙였다.
"하지만 새로운 모습으로 바꿔 보는 것도 재미있을 것 같지 않아?"
아테나는 아무 대답이 없었다. 그저 망설이며 두루마리를 이쪽 팔에서 저쪽 팔로 옮겨 안을 뿐이었다. 아테나는 한동안 미모학 교과서를 내려다보며 파란색 리본을 만지작거리더니 입을 뗐다.
"그래, 재미있을 수도 있겠다. 난 아름다움이란 것에 대해 더 속속들이 배워 보고 싶거든."

그러자 아프로디테가 대답했다.

"잘 생각했어. 그럼 지금 당장 시작해 볼까?"

아프로디테의 방 앞에 도착하자 아르테미스가 말했다.

"방에 개들을 두고 올게. 아님 괜찮다면……."

아르테미스는 아프로디테를 슬쩍 쳐다보았다.

"그거 좋은 생각이네."

아프로디테는 냉큼 대답했다. 아르테미스가 개들도 같이 구경해도 되느냐고 물을 것 같았기 때문이었다. 대부분의 학생들은 기숙사 방 하나를 둘이서 나눠 썼고, 원래 아프로디테와 아르테미스도 한방을 쓰게 되어 있었다. 그러나 아프로디테는 냄새나고 지저분한 개를 세 마리나 방에 들이고 싶어 하지 않았기 때문에 아르테미스는 따로 옆방을 빌려야 했다.

아르테미스가 개들을 두고 오자 네 여신은 함께 아프로디테의 방으로 들어갔다. 4층과 5층의 기숙사 방에는 침대, 옷장, 붙박이 책상이 각각 두 개씩 놓여 있고, 어느 방이나 구조가 똑같았다. 그러나 아프로디테는 침대에 반짝이는 빨간 천을 늘어뜨리고 벽에 분홍색과 빨간색 하트를 그려 밋밋한 방을 예쁘게 꾸며 두었다.

아르테미스가 말했다.

"넌 어쩜 이렇게 방을 깨끗하게 정리하니? 내 방은 맨날 엉망진창인데."

아프로디테는 짐짓 아르테미스를 놀렸다.

"우리도 알아. 이미 여러 번 봤잖아."

여느 여신과 달리 아프로디테는 매주 한 번씩 물건을 깔끔하게 정돈하고, 먼지를 닦고, 바닥을 쓸었다. 심지어 매일 아침 자고 일어날 때마다 침대를 정리하고서 폭신폭신한 하트 모양 쿠션 여섯 개를 보기 좋게 올려놓았다. 솔직히 아프로디테는 방 정돈과 외모 가꾸기에 있어서는 완벽주의자 기질이 있는 편이었다.

"기숙사에 살면 좋을 것 같아."

페르세포네가 말했다. 페르세포네는 엄마와 함께 집에서 살아서 기숙사에 사는 친구를 부러워했다.

아프로디테의 침대에는 빨간색 벨벳 바탕에 흰색 하트 자수가 놓인 이불이 깔려 있었다. 페르세포네가 침대에 털썩 드러눕자 푹신한 이불이 몸을 폭 감싸 주었다.

"아, 포근해."

아프로디테는 책장에서 〈십 대들의 두루마리〉 잡지 몇 권을

꺼내어 페르세포네와 아르테미스에게 건네주었다.

"얘들아, 아테나에게 어울릴 만한 머리 모양이 있는지 한번 찾아봐 줘."

"네, 대장님!"

아르테미스가 활짝 웃으며 대답했다. 아르테미스와 페르세포네는 나란히 앉아서 잡지를 뒤적이며 여러 스타일을 두고 장단점을 의논했다.

방 안에 있는 두 책상 중 남은 하나는 화장대로 바뀐 지 오래였다. 아프로디테는 책상에 술 장식이 달린 분홍 새틴 천을 덮은 다음, 화장품을 담은 은쟁반을 올려 두었다. 쟁반에는 상상할 수 있는 모든 색깔의 립글로스며, 수십 가지 아이섀도와 매니큐어, 온갖 로션이 줄줄이 늘어서 있었다.

아프로디테는 화장대에서 의자를 꺼내더니 쿠션을 톡톡 두드리며 말했다.

"아테나, 여기 앉아 봐."

아테나는 푹신한 의자에 앉았다가 앞에 놓인 다양한 화장품을 보고 입을 딱 벌렸다.

"오, 신이시여! 이 정도면 화장품 가게를 차려도 되겠다."

아테나는 쟁반 한쪽 끝에 놓여 있는 상자를 집어 들었다. 은으로 만든 동그란 상자였다.

"어머, 여기에는 뭐가 들었어?"

아테나가 묻자마자 뚜껑이 탁 하고 열리더니 은색 손잡이가 달린 화장용 붓이 퐁 튀어나왔다. 화장 붓은 볼연지 상자 위를 붕붕 떠다니며 아테나를 유심히 쳐다보았다. 그러더니 뭔가 결정을 내린 듯 오렌지 핑크색 볼연지에 몸을 푹 담그고서 빙글빙글 몇 바퀴 돌았다. 다음 순간, 화장 붓이 연지를 바르려고 아테나의 광대뼈를 향해 휭 날아왔다.

"어머, 하지 마!"

아테나는 두 손으로 얼굴을 가리며 몸을 홱 피했다. 그러자 화장 붓이 허공에 끼익 멈춰 서더니 붓촉을 물음표 모양으로 구부렸다.

아프로디테는 까르르 웃음을 터뜨리며 화장 붓에게 말했다.

"네 순서는 아직 멀었어. 일단 머리부터 매만져야 해."

화장 붓은 몸을 까딱여 얼른 인사한 다음 상자 안으로 도로 들어갔다. 곧이어 뚜껑이 탁 하고 다시 닫혔다.

아프로디테는 아테나의 머리를 한 움큼 쥐고서 손가락빗으로 쓸어 넘기더니 인상을 찌푸렸다.

"아테나, 너 머리카락 관리 좀 해야겠다. 너무 건조해."

"진짜?"

아테나는 자기 손으로 머리를 빗어 보았다.

"난 전혀 몰랐어."

"그야 네가 날마다 책만 들여다보고 있으니 그렇지. 너 거울을 보기는 하는 거야?"

아프로디테가 잔소리를 해 댔다.

"어쩌다 한 번씩 보기는 해."

아테나는 고개를 갸웃하며 물었다.

"그럼 아프로디테 넌 거울을 얼마나 자주 보는데?"

"나?"

아프로디테가 깜짝 놀라며 되물었다. 바로 그 순간에도 아프로디테는 화장대의 거울을 보며 머리 모양을 확인하고 있었다. 의식하고 한 것도 아니고 자연스럽게 이루어진 행동이었다! 아프로디테는 약간 부끄러워하며 거울에서 눈길을 거두었다.

"나도 잘 모르겠어."

아프로디테가 머리에 영양제를 뿌려 주자 아테나가 물었다.

"어머, 향기가 정말 좋다. 이거 뭐야?"

아프로디테는 영양제가 잘 스며들도록 빗질하며 대답했다.

"히아신스 에센스야. 내가 써 본 것 중에 머리 에센스는 이게 최고야. 향기도 좋고, 머리카락이 정말 부드러워져서 손질하기도 좋아."

"히아신스 에센스라. 메모지에 좀 써 줄래?"

아프로디테는 아테나가 관심을 보이자 내심 기뻤다. 그래서 얼른 책상에서 반짝이는 분홍색 파피루스를 한 장 꺼내어 빨간 깃털 펜으로 영양제 이름을 쓰고는 펜과 종이를 아테나에게 내밀었다.

"여기 있어. 단장하는 동안 메모하고 싶은 게 있으면 써."

"고마워. 그렇지 않아도 필요했어."

아테나는 펜과 종이를 무릎에 올려놓았다.

"얘들아, 아르테미스랑 나랑 둘이서 여섯 가지 스타일을 골라 봤어."

페르세포네가 잡지 뭉치를 들고서 다가왔다. 아테나는 아르테미스와

페르세포네가 고른 사진을 쓱쓱 살펴보더니 그중 하나를 짚었다. 머리카락을 정수리 높이 올려 묶고 핀으로 고정해 둔 여신 사진이었다.

"이 스타일로 해 볼까?"

"좋아."

아프로디테는 책상에서 주술학 교과서를 꺼내어 펼치더니 주문 하나를 가리켰다.

"이 주문을 걸어 봐."

아프로디테가 은으로 장식된 손거울을 건네주자, 아테나는 거울을 들여다보며 큰 소리로 주문을 읽었다.

"거울아, 거울아, 어…… 새 모습 보여라, 내 모습 비춰라."

아테나가 주문을 마치자, 아프로디테는 거울 한가운데에 잡지 사진을 갖다 댔다가 뗐다.

"거울을 한번 봐."

아테나는 거울에 비친 자기 모습을 보더니 "푸핫" 하고 웃음을 터뜨리며 손을 뻗어 새로운 머리 모양을 만져 보았다.

"이건 별로네. 완전 아줌마 같아."

페르세포네가 대꾸했다.

"그래, 네가 우리 엄마라 해도 믿겠는걸."

아르테미스도 한마디 했다.

"머리에 벌집을 얹고 있는 것 같아 보여."

"어머, 그건 너무하잖아!"

말은 그렇게 해도 아테나도 깔깔깔 신 나게 웃고 있었다.

"흠, 다른 걸 해 보자."

아프로디테가 제안했다. 이후 몇 가지 스타일을 더 시도해 본 후, 아프로디테는 아테나에게 가장 잘 어울리는 머리 모양을 찾아냈다.

"이야, 아테나. 정말 예쁘다! 머리카락에 층을 내니까 얼굴선이 더 또렷해 보여."

페르세포네도 거들었다.

"그래. 앞머리를 길게 내리니 정말 멋져."

"완전 딴사람 같아."

아르테미스는 얼른 덧붙여 말했다.

"아, 물론 좋은 의미로 하는 말이야."

아테나는 거울 속 자신의 모습을 향해 살포시 미소 지으며 대답했다.

"고마워."

아테나는 살랑거리는 새로운 머리 모양을 만져 보더니 분홍 파피루스와 아프로디테의 펜을 들고서 얼른 메모를 끼적였다. 이제 열심이 나는 모양이었다.

"아프로디테, 다음은 뭘 하는 거야?"

그 말만 기다리고 있었다는 듯이 상자에서 화장 붓이 다시 피융 하고 튀어나왔다. 화장 붓은 아테나의 볼에 발그스름하게 연지를 바르고, 눈꺼풀에 회색 눈동자 색깔보다 약간 더 짙은 반짝이 아이섀도를 발랐다. 아테나가 다시 열심히 메모를 끼적이는 사이, 페르세포네는 엄지를 치켜들었다.

"진짜 예뻐!"

아프로디테는 화장 붓을 쳐다보더니 인정한다는 듯이 고개를 까딱였다.
"잘했어."
화장 붓은 붓촉으로 웃는 입 모양을 만들어 보이더니 상자 안으로 휙 돌아갔다.
이번에는 페르세포네가 나서서 아테나의 손톱을 다듬고 매니큐어를 칠해 주었다. 그사이 아프로디테는 양쪽 옷장을 열어젖히고서 아테나에게 입힐 키톤을 줄줄이 꺼내 들었다. 한편 아르테미스는 꽃단장 프로젝트에 흥미를 잃었는지 심드렁하니

아프로디테의 화장대에 있는 물건을 만지작거리다가 윤이 나는 병 하나를 집어 들고 침대에 벌러덩 드러누웠다.

매니큐어가 다 마르자, 아테나는 분홍 장미 봉오리가 섬세하게 그려진 병풍 뒤로 가서 아프로디테가 골라 놓은 옷을 입어 보았다.

"이건 어때?"

아테나가 노란 수선화 빛깔 키톤을 입고 나와서 물었다. 아프로디테는 고개를 설레설레 저었다.

"노란색은 페르세포네에게 잘 어울리지 넌 별로야. 아, 내가 청록색 키톤을 어디에 뒀더라?"

아프로디테는 중얼거리며 다시 옷장을 뒤지기 시작했다. 그러자 아르테미스가 침대에 다리를 꼬고 앉아서 활시위에 왁스를 바르고 있다가 한마디 툭 던졌다.

"네 원격 옷장에 있나 보지."

아프로디테는 옷장에서 머리를 들다가 아르테미스를 보더니 경고했다.

"설마 그거 내가 다리털 뽑을 때 쓰는 왁스는 아니겠지?"

"이런, 이게 그런 거야? 미안, 미안."

아르테미스는 순순히 사과하고서 화장대에서 가져온 병을

한쪽으로 치웠다. 그러자 페르세포네가 뒤늦게 물었다.

"아르테미스, 원격 옷장이 뭐야?"

"내 방에 옷장이 하나 남잖아. 난 필요 없으니까 아프로디테가 쓰도록 해 줬어."

아르테미스는 설명을 마치자 쌩하고 자기 방으로 달려가더니 잠시 뒤 청록색 키톤을 들고 나타났다. 그 옷을 보자 아테나의 눈이 반짝 빛났다. 아테나는 다시 옷을 갈아입고는 뱅그르르 돌면서 병풍 앞으로 나왔다.

아프로디테가 말했다.

"완벽해. 아테나 너한텐 청록색이 정말 잘 어울리는구나!"

아프로디테는 다시 서랍을 뒤져서 아테나에게 은색 머리핀을 꽂아 주고, 나뭇잎 장식을 이어 만든 허리띠를 둘러 주었다.

"진짜 환상적이야!"

아테나의 꽃단장이 완성되자 페르세포네는 탄성을 터뜨렸다. 아프로디테의 손톱 다듬는 줄칼로 열심히 화살촉을 갈던 아르테미스도 흘깃 고개를 들었다가 눈이 휘둥그레졌다. 아테나의 변신에 아르테미스마저 감탄해마지 않는 눈치였다.

"그래. 아테나, 너 정말 멋져 보인다."

아테나는 화장대의 커다란 거울에 자기 모습을 이리저리 비쳐 보았다.

"우아! 나, 뭐랄까…… 완전 세련된 것 같아."

그 말에 아프로디테, 페르세포네, 아르테미스는 까르르 웃음을 터뜨렸다.

"다른 애들도 이 모습을 봐야 되는데!"

아프로디테의 말에 페르세포네가 손가락을 딱 튕겼다.

"맞다. 오늘 금요일이지? 하데스가 그러는데, 오늘 저녁에 5층 남학생 기숙사에서 파티가 있대. 가서 아테나를 보여 주자."

아프로디테가 반색을 했다.

"야호, 바로 그거야! 아테나, 네 생각은 어때?"

아테나는 확신이 서지 않는 듯 우물쭈물했다.

"글쎄, 한번 가 볼까?"

"좋았어!"

아프로디테는 한시라도 빨리 모두에게 자기 작품을 보여 주고 싶어서 마음이 달았다. 적어도 소년 신 한둘은 이 놀라운 변신을 보고 눈이 번쩍 뜨일 게 분명했다.

'혹시 운이 좋으면 오늘 저녁 아테나는 첫사랑에 빠질지도 몰라. 그럼 그게 다 내 덕분이겠지!'

3 기숙사 파티

저녁 식사 후 아프로디테와 친구들이 모였을 때 아테나의 룸메이트인(그리고 올림포스 학교에 다니는 몇 안 되는 인간 중 하나인) 판도라도 왔다.

"어쩜 아테나를 이렇게 예쁘게 만든 거니?"

판도라는 5층으로 가는 계단을 오르며 아프로디테에게 물었다. 아프로디테가 뭐라 대답하기도 전에 판도라는 연신 질문을 던졌다.

"이 파티 진짜 재미있을 것 같지 않니? 밴드가 연주를 해도 좋을 텐데, 그렇지? 참, 아프로디테, 언제 나도 머리 손질이랑 화장해 주지 않을래?"

"어, 그래."

아프로디테의 대답은 판도라의 어느 질문에도 다 해당되는 것이었다. 어차피 판도라도 어떤 대답이 나오든 별 상관하지 않았다. 언제나 질문을 던지느라 너무 바빠서 상대방의 대답을 주의 깊게 들은 적이 없기 때문이었다. 판도라의 이마에는 금색과 파란색이 섞인 앞머리가 궁금증을 상징하듯이 물음표 모양으로 딱 달라붙어 있었다.

파티는 남학생 기숙사 끝에 있는 휴게실에서 열리고 있었다. 가까이 다가가자 시끌벅적하게 떠드는 소리와 깔깔대는 웃음소리가 들렸다. 그러나 아프로디테가 친구들과 함께 휴게실에 들어서자 과자가 놓여 있는 식탁 주변에 둘러서거나 소파에 모여 앉아 떠들던 아이들이 순식간에 조용해졌다. 아프로디테는 어디를 가든지 자신에게 이목이 집중되는 데 익숙해져 있었다. 특히 소년 신이 모여 있는 곳은 더했다. 그런데 이번에는 모두가 아테나를 쳐다보고 있었다.

포세이돈은 입을 딱 벌리고 아테나를 바라보더니 누군지 깨닫자 놀라서 삼지창을 떨어뜨렸다. 창이 챙 하고 바닥에 부딪치며 시끄러운 소리를 냈다. 곁에 있던 도마뱀 모습의 소년 신이 하마터면 창에 꼬리를 잘릴 뻔하자 짜증스러운 듯이 포세이돈

을 향해 혀를 날름거리더니만 종종걸음 쳐서 자리를 떴다.

포세이돈이 마침내 입을 열었다.

"우아, 아테나. 너 진짜…… 달라 보인다!"

"그거 칭찬하는 거야, 놀리는 거야?"

아테나가 톡 쏘아붙였다. 하지만 아프로디테는 아테나의 볼이 발갛게 물들어 있는 걸 놓치지 않았다.

포세이돈이 얼른 대답했다.

"당연히 칭찬이지. 내가 넥타르랑 과자 좀 가져다 줄게."

포세이돈이 말하는 사이 다른 신들도 아테나의 아름다운 모습에 감탄하며 모여들었다.

"아테나, 포도 먹을래?"

까만 곱슬머리에 작은 뿔이 뾰족 솟은 디오니소스가 물었다.

"어이, 아테나. 여기 내 옆에 자리 있는데 앉을래?"

아틀라스는 소파 하나를 들어 올리더니 앞으로 슬쩍 기울였다. 그 바람에 자리에 앉아 있던 학생들이 주르륵 미끄러지더니 바닥에 철퍼덕 주저앉았다.

"아!"

아틀라스는 아이들의 짜증을 못 들은 척하며 다시 소파를 내려놓았다.

"봐, 자리가 남아돌아."

아프로디테는 좋아서 방실방실 웃음이 났다. 아테나에게 거부할 수 없는 매력을 불어넣는 데 성공한 모양이었다. 아프로디테가 발명한 사랑 담뿍 수분 듬뿍 립밤을 바르지 않았는데도 남학생들이 난리였다!

아테나는 아이들의 주목을 받는 데 익숙하지 않아서 이런 반응에 당황하는 눈치였다. 아르테미스의 쌍둥이 남동생 아폴론이 옆자리에 앉으라고 권하자 급기야 정색을 하고서 "아니, 됐어. 난 그냥 서 있을래."라고 대답했다.

'불쌍한 아테나. 넌 아무래도 애교 떠는 법을 좀 배워야 할 것 같아!'

아프로디테는 방 안을 둘레둘레 살펴보았다. 아테나의 매력에 별 관심을 보이지 않는 소년 신은 몇 되지 않았다. 그중 하나는 어둡고 우울해 보이는 얼굴을 한 하데스였다. 하데스는 벌써 몇 주 전부터 페르세포네에게 푹 빠져 있었다. 하데스와 페르세포네 커플은 음료수대 근처에 다정하게 서서 한참 이야기를 나누고 있고, 그 곁에서 아르테미스가 무릎을 꿇고 앉아 세 마리 개에게 과자를 주고 있었다.

"어이, 모두들 안녕?"

아레스가 방에 들어서자 아프로디테의 눈이 반짝했다. 아레스는 정말 올림포스 학교를 통틀어 가장 멋진 소년 신이었다. 우람한 덩치의 퀴도이모스, 인상을 잔뜩 찡그린 마카이가 아레스를 호위하듯 뒤따라 들어왔다.

"안녕, 아레스!"

아르테미스는 손을 흔들어 인사하며 아레스를 불렀다. 그런데 무안하게도 아레스는 아프로디테가 거기 있는지조차 모르는 것 같았다. 아레스의 푸른 눈동자는 아테나를 향하더니 그 자리에만 고정되어 있었다.

"이런, 맙소사!"

아레스는 방 안에 있는 모든 아이가 들을 수 있을 정도로 큰 소리로 떠들었다.

"여기 이 처음 보는 여신은 누구지?"

퀴도이모스와 마카이가 아레스의 말에 재미있다는 듯이 껄껄껄 웃어 댔다. 그러나 아프로디테는 아레스가 농담을 하는 건지 진심인지 확신이 서지 않았다. 지금까지 아레스는 한 번도

아테나에게 관심을 보인 적이 없었다. 설사 아레스가 정말로 아테나를 알아보지 못한 거라 해도 아프로디테는 전혀 놀랍지 않았다. 아레스가 아테나를 향하여 어슬렁어슬렁 걸어가는 모습을 보자 아프로디테는 어쩐지 가슴 언저리가 뻐근해져 왔다.

'설마 내가 지금 내 단짝에게…… 질투하는 건 아니겠지? 그것도 남자애 때문에?'

"어, 아프로디테, 안녕."

옆에서 누군가 아프로디테에게 말을 걸었다.

아프로디테가 고개를 돌리니 그곳에 깡마른 소년 신이 서 있었다. 점심 때 아틀라스가 마치 깃털베개처럼 손쉽게 머리 위로 들어 올렸던 아이, 헤파이스토스였다. 어찌나 야위었는지 실제로도 바람이 불면 깃털처럼 날아갈 것 같았다.

"아, 안녕."

아프로디테 스스로 듣기에도 자신의 목소리에 실망이 가득 차 있었다. 아프로디테는 미안한 마음에 방긋 웃으며 다시 밝게 말을 걸었다.

"멋진 파티야, 그렇지?"

그러나 아프로디테는 자꾸만 아레스와 아테나에게 눈길이 갔다.

'둘이 무슨 이야기를 하는 걸까?'

헤파이스토스가 고개를 끄덕이며 대답했다.

"아프로디테 네가 오니까 파티가 더 근사해졌어."

그 말을 하고서 헤파이스토스는 얼굴이 벌게졌다.

"어, 그래. 고마워."

보통 헤파이스토스처럼 파리하고 왜소한 소년 신은 아프로디테에게 말을 걸지 않았다. 아무래도 자신에게는 전혀 기회가 없다고 여기는 것 같았다. 사실 아프로디테 입장에서도 그건 당연했다. 그저 한 번 쳐다보면서 웃기만 해도 학교에서 가장 잘생긴 소년 신들이 홀딱 반해 난리법석인데 굳이 헤파이스토스 같은 아이에게 기회를 줄 겨를이 없었다.

'이런 생각을 하다니 내가 너무 속물인가?'

돌이켜 보니 언젠가 아르테미스가 아프로디테에게 외모에 지나치게 신경을 쓴다고 쓴소리를 한 적이 있었다. 하루에 몇 번이나 거울을 보느냐는 아테나의 물음도 떠올랐다. 그러자 아프로디테는 마음이 영 불편해졌다.

'만약 좋아하는 사람을 자기 마음대로 고를 수 있다면, 이왕이면 가장 멋진 애로 고르면 안 돼?'

헤파이스토스가 물었다.

"아프로디테, 뭐 좀 먹을래? 과자 가져다줄까?"

"그래, 좋아."

아프로디테는 호기심이 동해서 헤파이스토스가 약간 절룩거리며 탁자로 가는 모습을 찬찬히 살펴보았다. 헤파이스토스는 두 다리를 모두 절었다. 그리고 솔직히 말해 그다지 잘생긴 얼굴도 아니었다. 이마는 너무 넓고, 뺨은 너무 홀쭉하고, 눈은 너무 몰려 있었다. 하지만 지금 이 순간 헤파이스토스 말고 아프로디테에게 관심을 가지는 소년 신은 없었다. 오늘밤 모두의 눈길은 오로지 아테나에게 꽂혀 있었다.

"푸핫! 이야, 진짜 끝내주는데, 티니!"

아레스가 커다란 소리로 외쳤다.

'티니?'

오직 제우스 교장 선생님만이 아테나를 그 애칭으로 불렀다.

하지만 제우스 교장 선생님은 아테나의 아버지이기도 했다.

'아레스가 아테나를 애칭으로 부르다니. 그게 어떤 의미일까?'

아프로디테는 아테나가 앉아 있는 쪽을 힐끔 쳐다보았다. 아테나는 대여섯 명의 신에게 둘러싸여 있었다. 그리고 아프로디테가 바라보는 사이, 아레스가 아테나 쪽으로 몸을 숙이며 아테나의 어깨에 손을 올려놓았다. 아프로디테는 저도 모르게 이를 악물었다.

'아테나, 네가 원하면 우리 학교 어떤 남학생과 사귀어도 좋아. 하지만 아레스만은 안 돼.'

아테나가 아레스를 올려다보며 미소 짓자 아프로디테는 속이 발칵 뒤집히는 것 같았다. 갑자기 아프로디테는 파티장에 더 머물고 싶지 않아서 문으로 향했다. 헤파이스토스에 대해서는 까마득히 잊어버려, 헤파이스토스가 방 한복판에서 과자 접시 두 개를 아슬아슬하게 들고 서 있도록 내버려 둔 걸 알아차리지도 못했다.

아프로디테가 떠나려 하자 판도라가 의자에서 벌떡 일어나 큰 소리로 외쳤다.

"어, 아프로디테. 어디 가? 파티가 마음에 안 들어? 재미없어?"

방 안에 있는 모든 아이가 판도라의 목소리를 들었다. 아이들은 동시에 이야기를 뚝 멈추고 아프로디테 쪽을 바라보았다.

아프로디테는 얼른 판도라를 조용히 시키려 했다.

"그냥 좀 피곤해서 그래. 방으로 돌아갈 거야."

그 말에 페르세포네와 아르테미스가 깜짝 놀라 아프로디테를 멀뚱멀뚱 쳐다보았다. 그때 아테나가 소리쳤다.

"어, 아프로디테. 기다려. 같이 가!"

아테나가 소파에서 일어나자마자 남자아이들이 더 있다가 가라며 아우성이었다.

포세이돈이 말했다.

"부탁이야, 가지 마. 네 최신 발명에 대해 아직 이야기해 주지 않았잖아."

"난 그리스 인들이 네 이름을 따서 이름 지었다는 도시에 대해 더 듣고 싶은데."

아레스의 목소리에서 감탄이 줄줄 흘러내렸다.

"아테네 말이야? 음, 좋아. 조금만 더 있다가 가지 뭐."

아주 잠깐 망설이는 것 같던 아테나는 냉큼 소파에 다시 앉아 이야기를 시작했다.

어물거리던 아프로디테는 소년 신들이, 특히 그중 금발에 파란 눈동자를 가진 '어느' 소년 신이 자신도 머물러 달라고 부탁하기를 기다렸다.

하지만 아무도 나서는 아이가 없었다.

아프로디테는 창피해서 서둘러 문으로 걸어갔다. 그런데 불행히도 바로 그 순간 메두사가 스테노, 에우리알레와 함께 파티장 입구에 나타났다. 메두사네 세쌍둥이는 모두 똑같이 연한 초록빛 피부를 가졌지만, 메두사만 머리에 머리칼 대신 뱀이 달려 있었다. 뱀들은 메두사 머리 주변에서 쉿쉿 소리를 내며 기분 내키는 대로 똬리를 틀었다 풀었다 했다.

"이크."

판도라는 작게 비명을 지르며 고개를 숙이고서 파티장 뒤로 달아났다. 메두사는 머리의 뱀 덕분에 생명이 있는 동물과 눈을 마주치면 돌로 바꾸어 버리는 힘을 가지고 있었다. 아르테미스의 개들 역시 생명을 가진 동물이기 때문에 그 마법에 걸려들 수 있었다.

아르테미스가 명령했다.

"애들아, 납작 엎드려서 눈 가려."

명령이 떨어지자마자 개 세 마리는 바닥에 드러눕더니 앞발

로 눈을 가렸다.

메두사 자매는 여전히 문가에 서서 아프로디테의 탈출을 막았다.

"어머, 뽀글이. 벌써 떠나는 거야?"

메두사가 음흉하게 웃었다. 머리의 뱀 한 마리가 아프로디테를 향해 돌진하며 혀를 날름거렸다. 불멸의 존재에게는 뱀의 힘이 통하지 않았지만, 아프로디테는 뱀에게서 눈길을 피하며 이를 앙다물었다.

"그래. 그러니까 지나갈 수 있게 비켜 줘."

메두사는 쏟아지는 관심을 즐기며 방 안에 모여 있는 아이들을 쓱 훑어보았다.

"오, 물론 비켜 줘야지. 그렇잖아도 뽀글이 속이 뽀글뽀글 끓을 텐데."

스테노와 에우리알레는 그렇게 재미있는 농담은 처음 들어 본다는 듯이 배를 잡고 웃어 댔다.

아프로디테는 몇 주 전 일을 떠올리며 지지 않고 쏘아붙였다.

"메두사, 그거 알아? 난 네가 석상으로 굳어 있을 때가 훨씬 맘에 들더라!"

아프로디테는 세쌍둥이 사이를 비집고 지나서 파티장을 떠났다. 아프로디테의 눈에 눈물이 그렁그렁 맺혔다.

'난 남학생들이 아테나를 다시 보게 되기를 바랐어. 하지만 그 대신 날 무시하게 될 줄이야! 그것도 아레스가! 아테나를 돕기로 마음먹었을 때 내가 상상한 건 이런 게 아니었는데. 어떻게 이렇게 일이 꼬일 수 있지?'

아프로디테는 자기 방에 들어서자마자 침대에 털썩 드러누웠다. 그러나 한바탕 눈물을 쏟아낼 틈도 없었다. 갑자기 창문이 덜커덩덜커덩 거세게 흔들리기 시작했다. 깜짝 놀란 아프로

디테는 침대에서 몸을 굴려 얼른 일어섰다. 바로 그때 창문이 벌컥 열리더니 반짝반짝 빛나는 바람에 실려 파피루스 두루마리가 날아들었다. 이윽고 바람이 크게 소리쳐 물었다.

"여기 있는 자가 사랑의 여신 아프로디테가 맞소?"

아프로디테는 너무 놀라서 차마 대답을 하지 못하고 고개만 겨우 끄덕였다. 돌연히 바람이 잠잠해졌다.

"히포메네스라는 인간이 당신의 도움을 구하는 탄원서를 보냈소."

빛나는 바람은 파피루스를 바닥에 툭 떨어뜨리더니 다시 창문 밖으로 휘이잉 몰려나가 버렸다.

아프로디테는 바닥을 데굴데굴 구르고 있는 편지를 집어서 얼른 펼쳤다.

불멸의 여신이며 사랑의 수호자이신 아프로디테 님께

아프로디테 님, 부디 제 간청을 들어주십시오. 저는 아탈란테라는 아름다운 아가씨를 사모해서 결혼하기를 바라고 있습니다. 그런데 아탈란테는 달리기 경기를 해서 자신을 이기는 사람만을 남편으로 삼겠다고 맹

세했답니다. 아탈란테는 발이 무척 빠른 데다, 아탈란테의 아버지인 이아소스 왕은 아탈란테와 경기를 해서 지는 자는 죽어야 한다는 법까지 세웠습니다. 저는 사랑을 위해 목숨을 바칠 각오가 되어 있습니다만, 경기에 져서 죽고 싶지는 않습니다. 바라옵건대 아프로디테 님께서 부디 신성한 능력을 베푸시어 이 문제를 도와주십시오.

아프로디테 님을 열렬히 추종하는
히포메네스 올림

아프로디테는 한숨을 푹 쉬었다.
'어머나, 정말 낭만적이잖아. 아레스가 이 사람을 보고 좀 배우면 좋겠어!'
문득 아프로디테는 이 문제의 아탈란테라는 아가씨가 바람처럼 빨리 달린다고 소문이 자자한 바로 그 사람이라는 걸 깨달았다.
'이거 흥미로운데!'
아프로디테는 가방을 집어서 뒤적뒤적 빨간 깃털 펜을 찾은 다음, 분홍색 파피루스에 답장을 단숨에 써 내려갔다.

친애하는 히포메네스

당신의 간청이 내 마음에 깊이 와 닿았어요. 만나서 어떻게 할지 자세히 이야기 나눠 보도록 해요. 내일 아침 8시에 이아소스 왕의 궁전 뒤뜰에 있는 달리기 경기장으로 와요.

영원히 당신의 편인
아프로디테로부터

아프로디테는 편지를 다 쓰고 나서 다시 한 번 읽어 보았다. 그랬더니 너무 격식을 차리지 않은 데다, 말투도 그다지 명령조가 아니었다. 인간은 신이라면 당연히 이래라저래라 하고 명령을 내려야 한다고 생각하는 것 같았다.
'흠, 그거야 손을 보면 되지 뭐.'
아프로디테는 편지 끝에 한마디를 덧붙였다.

추신 : 늦는 일 없도록 하세요!

'이 정도면 됐어.'

아프로디테는 파피루스를 말아서 빨간 리본을 두른 다음, 창가로 다가갔다. 그러고는 편지를 손에 살며시 올려놓고 팔을 앞으로 뻗은 채 편지 배달 주문을 외웠다.

"바람아 불어라. 어서 바삐 떠나라. 이 편지가 닿는 곳. 기쁜 소식 있으라."

곧바로 산들바람이 일어나더니 아프로디테의 손에서 잽싸게 편지를 낚아채서 사라졌다.

4
히포메네스

다음 날 아침 아프로디테는 일찍 눈을 떴다. 히포메네스와의 약속이 떠오르자 아프로디테는 얼른 침대에서 나와 거울은 보는 둥 마는 둥 하며 서둘러 옷을 갈아입었다. 옆방에서 아르테미스의 개들이 낑낑거리는 소리가 들려왔다. 보통 아르테미스는 동트기가 무섭게 일어나서 개들과 함께 아침 산책을 했다. 그런데 아마 어제 파티 때문에 늦게 돌아와서 아직 자고 있는 모양이었다.

'다른 아이들이 깨기 전에 얼른 조용히 시켜야겠네.'

아프로디테는 옆방으로 가서 문을 가볍게 똑똑 두드린 후 살짝 열어 보았다. 아프로디테가 막을 틈도 없이 활기가 펄펄 넘치는 사냥개 세 마리가 문을 밀어 열고서 복도로 뛰쳐나오더니 신이 나서 왈왈 짖고 풀쩍풀쩍 뛰어다녔다. 아르테미스는 침대에 늘어진 채 뭐라고 웅얼웅얼하더니 다시 이불을 똘똘 말고 잠들어 버렸다.

"애들아, 쉿!"

아프로디테는 개들을 다시 방 안으로 밀어 넣으려 했지만 도무지 붙잡을 수가 없었다. 녀석들은 그걸 놀이라고 여기는지 쌩하고 복도를 지나 계단을 달려 내려갔다.

"거기 서!"

아프로디테는 행여 온 기숙사 아이들을 다 깨울까 봐 가능한 목소리를 낮춰 소리치며 뒤를 쫓았다.

블러드하운드 수에즈, 그레이하운드 넥타, 비글 앰비는 신이 나서 아프로디테가 부르거나 말거나 신경도 쓰지 않았다. 아프로디테는 현관 로비에서야 겨우 개들을 따라잡았다. 그러나 아무리 목줄을 잡아당겨도 녀석들은 위층으로 돌아가려 하지 않았다. 게다가 문을 박박 긁으며 낑낑거리는 품으로 보아 밖에 나가서 용변을 보고 싶은 게 분명했다.

"알았어, 알았어. 대신 잠깐만이야. 끝나면 바로 돌아가야 해. 약속하지?"

개들이 볼일을 얼른 보기만 한다면 8시에 히포메네스를 만날 때까지 그럭저럭 시간 여유가 있었다.

수에즈, 넥타, 앰비는 알겠다는 듯이 꼬리를 살랑거렸다. 그러나 아프로디테가 학교 청동 문을 열자마자 세 마리가 각기 다른 방향으로 쏜살같이 뛰쳐나갔다.

"돌아와! 이 나쁜 녀석들 같으니라고!"

그 말에 넥타와 앰비는 계단 아래에서 우뚝 멈춰 서더니 다리 사이에 꼬리를 감추고 아프로디테를 기다렸다. 그러나 수에즈는 그날따라 유달리 기운이 넘치는지 학교 뜰을 가로질러 가 버렸다. 하는 수 없이 아프로디테는 수에즈를 쫓아갔다. 나머지 두 마리도 뒤를 따랐지만 가는 동안 여기저기 멈춰 서서 코를 박고 킁킁대는 통에 시간이 더 걸렸다.

멀리 뜰이 끝나는 지점에 나무와 덤불로 둘러싸인 오솔길이 있었다. 올림포스 산 아래로 내려가는 길이었다. 아프로디테는

수에즈가 그 길로 사라지는 모습을 언뜻 보았다. 수에즈는 꼬리까지 살랑이고 있었다.

'으, 저 악당 녀석! 너 이런 식으로 탈주 극을 벌인 게 자랑스럽다 이거지?'

아프로디테는 수에즈를 향해 소리쳤다.

"이러다 약속 시간에 늦으면 다 네 책임이야!"

그러나 윽박질러 봐야 아무 소용이 없었다.

한참 후 마침내 아프로디테가 수에즈를 따라잡았다. 수에즈가 뒷다리를 들고 나무에 오줌을 누려고 걸음을 멈춘 덕분이었다. 화가 난 아프로디테는 팔짱을 딱 끼고서 수에즈에게 꾸지람을 퍼부었다.

"그래, 하필이면 꼭 이 나무에 볼일을 보고 싶어서 그 먼 길을 와야 했다 이거니? 학교 바로 옆에 있는 나무에선 도저히 안 되는 거야?"

아프로디테는 히포메네스와 만나기 전에 개들을 기숙사 안으로 들여보낼 심산이었지만 이미 인간 세상까지 반쯤 내려와 버린 터였다. 지금 다시 기숙사로 돌아갔다가는 분명히 약속에 늦고 말 것 같았다.
"어쩔 수 없네. 좋아, 나랑 같이 가자."
아프로디테는 부디 자신들이 돌아오기 전에 아르테미스가 먼저 깨어나 개들이 어디 갔는지 찾아 헤매지 않기만을 바랐다. 세 악당은 모험을 계속할 수 있는 게 그저 행복할 뿐이라는 듯이 꼬리를 살랑거렸다. 심지어 수에즈마저 기꺼이 아프로디테 곁으로 와서 걷기로 작정한 것 같았다.
아프로디테가 개들을 데리고 이아소스 왕의 궁전에 다다랐을 때는 막 8시가 지난 참이었다. 이아소스 왕의 궁전 뒤편에는 모래가 깔린 달리기 경기장이 있었다. 그 경기장 가장자리에 한 청년이 앉아 있었다.
아프로디테는 히포메네스가 제때 나타나서 기다리고 있는 걸 보고 기분이 좋아졌다. 히포메네스는 옅은 갈색 머리에 조각 같은 몸매를 가진 훤칠한 청년이었다. 한편 히포메네스는 아프로디테와 사냥개들을 보더니 이상하다는 표정을 지으며 자리에서 일어났다.

"아, 아르테미스 여신님이시군요!"

히포메네스의 눈에는 의문이 가득했다.

"무례를 용서해 주십시오. 난생처음 여신님을 만나다 보니 저도 모르게 빤히 쳐다보게 되었네요. 게다가 전 아프로디테 여신님을 뵙게 될 거라 생각했거든요!"

"맞아요. 내가 아프로디테예요. 이 개들은 아르테미스의 사냥개들이고요."

앰비가 대뜸 히포메네스의 무릎에 앞발을 대고서 뒷발로 일어섰다.

"앰비, 앉아!"

아프로디테가 명령했다. 앰비는 사람들의 이목을 끄는 걸 먹는 것만큼이나 좋아했다.

"하하, 전 괜찮아요."

히포메네스는 앰비를 부드럽게 떼어 내더니 옆에 쪼그리고 앉았다. 앰비는 바로 배를 긁어 달라고 모래 바닥에 발라당 드러누웠다. 히포메네스는 앰비의 응석을 서글서글하게 받아 주며 아프로디테에게 말했다.

"아프로디테 님, 이렇게 와 주시다니 정말 뭐라고 감사드려야 할지 모르겠어요."

"괜찮아요."

아프로디테는 이 예의 바르고 싱글벙글 잘 웃는 청년이 마음에 들었다. 당장이라도 히포메네스의 부탁을 들어주고 싶은 마음도 있었지만, 먼저 알아봐야 할 것이 있었다.

"당신이 사랑한다는 그 아탈란테라는 아가씨 말이에요. 그 사람도 당신을 사랑하나요?"

히포메네스의 고개가 툭 떨어졌다.

"사…… 사실 저도 잘 모르겠어요. 아탈란테는 제게 제발 경주에 나서지 말라고 사정했답니다. 자기는 그럴 만한 가치가 없다면서요."

"그렇군요."

아프로디테는 수에즈와 넥타가 터벅터벅 시냇가로 걸어가서 물을 할짝할짝 들이마시는 모습을 물끄러미 바라보았다. 그러나 앰비는 계속 배를 긁어 달라며 드러누워 있었다.

'흠……. 만약 아탈란테가 히포메네스에게 무슨 일이 생기든 말든 염려하지 않는다면 그런 말을 하지도 않았을 거야.'

아프로디테는 목에 걸린 섬세한 금목걸이의 가디스 걸스 장식을 만지작거리며 생각에 잠겼다.

"당신이 사랑하는 아탈란테는 정직한 사람인가요?"

순간 히포메네스의 두 눈에 사랑이 넘쳐흐르고 눈동자가 반짝반짝 빛났다.

"네, 아탈란테는 마치 거울처럼 정직하답니다."

'어머, 그건 좋은 소식이 아닌데.'

만약 아탈란테가 그렇게나 정직하다면 일부러 속력을 늦추어서 히포메네스가 이기도록 할 가망이 없었다.

"히포메네스, 당신은 아탈란테를 이길 만큼 빠른가요?"

히포메네스는 망설일 뿐 대답하지 않았다. 앰비는 히포메네스를 빤히 쳐다보며 손을 할짝할짝 핥아 주었다. 그러더니 발딱 일어서서 늘어지게 기지개를 펴고서 다른 두 마리가 있는 곳으로 타박타박 걸어갔다.

"저도 잘 달리는 편이랍니다."

히포메네스가 일어서며 대답했다.

"하지만 안타깝게도 아탈란테가 더 빠르지요. 그래도 전 최선을 다해서, 목숨을 걸고 달려 볼 작정이랍니다."

아프로디테는 고개를 절레절레 흔들었다.

"부디 목숨을 잃는 일은 없어야겠죠. 경기는 언제 열리나요?"

"사흘 후 동트자마자 개최된답니다. 오, 자비로운 여신님, 그럼 저를 도와주시겠다는 뜻인가요?"

아프로디테는 아직 별다른 계획도 없지만 일단 자신만만하게 고개를 끄덕였다.

"경기가 시작되기 전에 다시 올게요."

히포메네스는 무릎을 꿇고 절을 했다.

"아, 고맙습니다. 아프로디테 님, 고맙습니다."

기숙사로 돌아가면서 아프로디테는 찬찬히 생각했다.

'고마워할 줄 아는 마음이나 예의 바른 태도로 보아 히포메네스는 좋은 사람이야. 그런 성품이라면 분명히 훌륭한 남편이 되겠지. 아이참, 아탈란테도 그걸 알아야 되는데.'

그때였다. 이아소스 궁전의 어느 창문 아래를 지나던 아프로디테는 애처롭게 흐느끼는 소리를 들었다. 위를 올려다보니 아프로디테만큼 긴 금발의 아름다운 아가씨가 안타까운 눈으로 경기장을 내려다보고 있었다. 아가씨의 눈길이 머문 곳에는 히포메네스가 달리기 연습을 하기 위해서 다리를 풀고 있었다.

물론 그 아가씨는 아탈란테가 틀림없었다. 그리고 아탈란테의 눈물이 히포메네스에 대해 어떤 감정을 느끼는지 고스란히 말해 주고 있었다.

궁궐을 벗어나자 아프로디테는 학교로 돌아가는 오솔길을

달리기 시작했다. 수에즈, 넥타, 앰비도 혀를 빼문 채 부지런히 아프로디테의 뒤를 따랐다. 올림포스 산 정상에 거의 다다랐을 때 아프로디테는 은으로 만든 지팡이를 짚고서 절뚝거리며 걸어오는 헤파이스토스와 마주쳤다. 아프로디테는 별 생각 없이 머리에 맨 먼저 떠오른 말을 던졌다.

"조깅하러 나왔니?"

아프로디테는 바로 아차 싶어서 이미 뱉은 말을 도로 주워 담기라도 하듯이 두 손으로 입을 가렸다. 그러나 헤파이스토스는 하하 웃더니 쾌활하게 지팡이를 흔들어 보였다.

"사실 난 절뚝거리러 나왔어. 같이 해 볼래?"

아프로디테는 망설였다.

"저……. 난 이 개들을 아르테미스에게 데려다 줘야 해."

헤파이스토스가 몹시 실망하는 눈치이자 아프로디테는 얼른 덧붙였다.

"괜찮으면 나랑 같이 기숙사로 가지 않을래?"

헤파이스토스의 야윈 얼굴이 확 밝아졌다.

"나야 좋지."

아프로디테와 헤파이스토스가 기숙사로 향하자 개들은 두 아이 앞을 껑충껑충 뛰어갔다. 아프로디테는 헤파이스토스가 보조를 맞출 수 있도록 일부러 천천히 걸었다. 긴장해서인지 헤파이스토스가 영 말이 없자 아프로디테는 헤파이스토스를 편안하게 해 주려고 히포메네스가 도움을 청한 일에 대해서 이야기하기 시작했다.

"문제는……."

아프로디테는 이야기를 맺으며 덧붙였다.

"히포메네스를 도와주고 싶은데 도무지 방법을 모르겠다는 거야."

헤파이스토스는 부끄러움과 동경이 반반씩 뒤섞인 눈으로 아프로디테를 바라보았다.

"넌 기필코 방법을 생각해 낼 거야. 아프로디테, 넌 굉장히 똑똑하잖아."

"어머, 고마워."

아프로디테는 내심 헤파이스토스가 무엇 때문에 자신을 그렇게 높이 사 주는지 알 수가 없었다. 그래도 기분은 좋았다. 예쁘다는 칭찬은 귀에 못이 박이도록 들었지만, 지금까지 어떤 소년 신도 아프로디테에게 똑똑하다는 말을 해 준 적이 없었다.

"아프로디테, 그 문제에 대해서 내가 도울 만한 일이 있다면 뭐든 말만 해. 무조건 도와줄게."

"넌 정말 친절하구나. 그래, 도와주겠다고 한 거 잘 기억해 둘게."

솔직히 말하면, 사실 아프로디테는 과연 헤파이스토스의 도움을 받을 일이 있기나 할지 의심스러웠다.

헤파이스토스를 대하느라 아프로디테는 그 순간까지 파티에 관한 생각을 까마득히 잊고 있었다. 그러나 갑자기 전날 밤의 기억이 확 몰려왔다. 아레스가 아테나에게 시시덕거린 일 때문에 얼마나 속이 뒤집혔는지를 떠올리자 아프로디테는 저도 모르게 움찔했다.

'그래서 뭐?'

남자아이들이 여자아이에게 시시덕거리는 게 특별히 의미 있는 행동이 아니라는 건 누구보다 아프로디테 스스로가 더 잘 알고 있었다.

"어젯밤에 내가 떠나고 나서 파티에 뭐 재미있는 일이라도 있었니?"

아프로디테는 어느새 저도 모르게 묻고 있었다.

헤파이스토스는 자기 손만 쳐다보며 대답했다.

"몰라. 네가 가고 나서 나도 금방 자리를 떴어."

둘 사이에 어색한 침묵이 흘렀다. 침묵도 깰 겸 머릿속에서 그 문제도 지울 겸 아프로디테가 먼저 말을 꺼냈다.

"그 지팡이 정말 아름다워."

헤파이스토스의 지팡이는 꼭대기부터 맨 아래까지 나뭇잎과 꽃 넝쿨무늬가 정교하게 새겨져 있었다.

"고마워. 내가 만들었어."

"그렇구나. 진작 알아봤어야 했는데."

아프로디테는 헤파이스토스가 대장장이와 공예의 신이라는 사실이 새삼 다가왔다.

"난 쇠를 벼려서 뭔가 만드는 걸 좋아하거든. 심심한 금덩이나 은덩이를 뭔가 아름다운 것으로 바꾸면 그렇게 마음이 흡족할 수가 없어."

아프로디테는 고개를 끄덕였다. 왠지 그 마음을 이해할 것 같았다.

'어젯밤에 아테나의 모습을 확 바꾸어 줄 때만 해도 정말 즐거웠는걸.'

둘은 단지 다른 재료 즉, 헤파이스토스는 금속을, 아프로디테는 화장품을 가지고 작업할 뿐이었다.

학교 청동 문으로 이어지는 계단에 다다르자 아프로디테가 헤파이스토스에게 물었다.

"기숙사에 들어갈 거야?"

헤파이스토스는 고개를 가로저었다.

"이따가. 난 좀 더 걸을래. 다리에 좋거든."

"그래, 너랑 만나게 되어서 기뻤어."

아프로디테는 진심이었다. 예쁘게 보여야겠다는 부담감도 없는 데다, 자신을 똑똑하다고까지 생각해 주는 남자아이와 이야기를 나누니 즐거웠다. 무척 기분 좋은 변화였다.

헤파이스토스가 빙그레 웃었다.

"나도 그래."

헤파이스토스는 아프로디테가 건물 안으로 들어갈 때까지 내내 서 있다가 모습이 사라지자 그제야 돌아서서 걸어갔다.

5 우울한 쇼핑

아프로디테가 기숙사로 돌아왔을 때는 이미 10시가 지났지만 아르테미스는 이제 막 일어난 참이었다. 수에즈, 넥타, 앰비는 꼬리를 흔들며 침대에 풀쩍 뛰어올라 아르테미스의 얼굴을 핥아 댔다. 아르테미스는 개들을 끌어안으며 놀란 눈으로 아프로디테를 바라보았다.

"네가 이 녀석들 산책을 시켜 준 거야?"

아프로디테는 고개를 끄덕였다. 아침에 무슨 일이 있었는지를 말하려는 찰나, 아르테미스가 침대에서 황급히 뛰쳐나오며 말했다.

"어젯밤 파티에서 무슨 일이 있었는지 들으면 하나도 믿기지 않을 거야.”

아르테미스가 옷장을 휙 열자 깨끗하지만 주름이 꼬깃꼬깃한 키톤 뭉치가 바닥으로 우르르 쏟아졌다. 아르테미스는 아무거나 가장 먼저 손에 닿는 옷을 집어 입었다.

한편 아프로디테는 온몸이 빳빳하게 긴장됐다.

'아레스와 아테나에 관한 일이면 어쩌지?'

아르테미스가 옷 밖으로 머리를 쏙 내밀자마자 아프로디테가 대뜸 물었다.

"무슨 일이 있었는데?"

아르테미스는 싱글싱글 웃으며 대답했다.

"포세이돈과 디오니소스가 학교 분수대 중 하나에서 수영을 하기로 한 거야. 진짜 웃겼어. 아테나에게 잘 보이려고 괜히 객기를 부린 것 같아."

아프로디테는 어느 정도 마음이 놓이자 옷장으로 다가가서 자동으로 바닥에 떨어진 옷을 줍기 시작했다. 그런 다음 하나씩 주름을 펴 가며 옷장에 걸었다.

"보나마나 아테나는 별로 감동 받지도 않았을 텐데 뭐."

"그렇지."

아르테미스는 개들을 위해서 물통에 물을 붓고 커다란 그릇에 사료를 한 움큼씩 퍼 주었다. 수에즈, 넥타, 앰비는 곧바로 달려들어 물을 꿀꺽꿀꺽 삼키고 사료를 우적우적 씹어 먹었다. 앰비는 작은 덩치를 보완하기라도 할 요량인지 다른 두 마리보다 두 배 이상 빨리 먹어 댔다. 아르테미스가 아프로디테를 향해 돌아섰다.

"아테나 말로는 신들에게 두뇌를 줄 때, 머리를 사용할 신에게만 두뇌를 줬기 때문에 그 둘은 못 받았을 거래."

아프로디테는 키득키득 웃음을 터뜨렸다. 그리고 개들이, 특히 앰비가 그릇 주변에 흘려놓은 질척한 사료를 치우고 싶은 충동을 억눌렀다.

"아레스도 같이 수영했어?"

아프로디테는 별일 아니라는 듯이 슬쩍 물었다.

"아레스?"

아르테미스는 화살집을 집으려 책상 아래로 손을 뻗으며 무심히 대답했다.

"아니, 아레스는 웬일로 다른 남학생보다 더 똑똑하게 굴더라. 대신 메두사가 흠뻑 젖었지. 계속 포세이돈에게 귀염을 떠는데, 아마 포세이돈은 거기에 더 질려 버린 것 같아. 어쨌거나 포세이돈과 디오니소스가 결국 메두사를 붙잡아서 분수대 안에 빠트려 버렸어."

아프로디테는 싱글싱글 웃었다.

'아, 그 광경을 봤어야 했는데…….'

아르테미스는 창문 밖의 거대한 해시계를 힐끔 내다보았다.

"이야, 정말 엄청나게 늦잠을 잤네."

아르테미스는 활을 집어 들며 말을 이었다.

"이미 10분 전에 아폴론을 만났어야 하는데. 활쏘기 연습을 해야 하거든. 이제 나가야겠어."

"나도 나갈게."

아르테미스가 떠나자 아프로디테는 바로 옆의 자기 방으로 돌아가서 쿠션이 놓여 있는 침대에 자리를 잡았다. 히포메네스를 도울 방법을 궁리해 내기 위해서였다. 아프로디테는 가방에 손을 넣어 공책과 깃털 펜을 꺼내어 아이디어를 쭉 써 내려갔다. 얼마 쓰지 못했을 때 누군가 방문을 똑똑 두드렸다.

아테나였다. 아테나는 전날 밤 아프로디테가 빌려 준 청록색 키톤을 그대로 걸치고 있었다.

"새 뜨개실을 사러 불멸 쇼핑센터에 갈 건데, 같이 갈래?"

아프로디테는 펜을 옆으로 밀어놓으며 대답했다.

"그럼."

아테나와 함께 방을 나서면서 아프로디테는 궁금해서 더는 견딜 수가 없었다.

"아테나, 어젯밤에 즐거웠니?"

아테나는 대번에 눈을 빙글빙글 굴렸다.

"아프로디테, 넌 일찍 나가서 다행이었어. 남자애들이 날 가만히 내버려 두지를 않는데 정말 귀찮더라! 내가 좀 꾸몄다고 그 법석을 떨다니."

"내가 뭐랬어?"

아프로디테는 저절로 웃음이 싱글벙글 났다. 이제 아테나도 남자애들이 외모만 보고 치근댈 때 어떤 기분인지 알았으니 평소 모습으로 돌아가려 할 것 같았다. 그리고 그것도 그다지 나쁜 일은 아닌 듯했다. 아무래도 아테나의 첫사랑은 좀 기다려야 할 모양이었다.

기숙사를 떠나기 전에 아프로디테와 아테나는 복도 끝에 있는 공용 신발 바구니에서 날개 달린 샌들을 꺼내어 신었다. 발을 밀어 넣자마자 바로 샌들의 끈이 발목을 휘감더니 뒤꿈치에 달린 은색 날개가 파닥이기 시작했다. 아프로디테와 아테나는 순식간에 대리석 계단을 뛰어내려 학교 현관으로 갔다. 그러고는 발이 땅에 거의 닿지도 않도록 달려서 커다란 청동 문을 핑 하고 지난 다음, 학교 뜰을 가로질러 갔다. 둘은 횡횡 귓전을 스치는 바람소리를 들으며 바윗덩이와 나무 사이를 요리조리 지나 올림포스 산을 내려갔다.

불멸 쇼핑센터는 신들의 세계와 인간 세상의 중간 즈음, 구름층 아래에 자리하고 있었다. 아프로디테와 아테나는 몇 분 만에 그곳에 도착해서 센터 출입구 앞에 끼이익 멈춰 섰다. 아이들은 발목에 감긴 신발 끈을 풀어서 은색 날개에 감았다. 날개를 고정시켜 보통 속도로 걷기 위해서였다.

불멸 쇼핑센터는 어마어마하게 큰 건물로, 높다란 천장은 크리스털 지붕이고, 그 아래에는 수많은 기둥이 죽 늘어서 있었다. 기둥 사이사이에 자리한 가게는 최신 그리스 패션부터 삼지창이나 유기농 넥타르까지 온갖 것을 팔았다.

"여기야."

아테나가 말했다.

아프로디테는 아테나의 뒤를 따라 아라크네의 바느질 가게로 들어갔다. 아테나가 털실 몇 타래와 새 뜨개질바늘을 고르는 사이, 아프로디테는 손바닥으로 광택이 흐르는 옷감을 쓸어 보았다. 검정 바탕에 빨간 꽃무늬가 아르테미스의 윤기 나는 검은 머리칼에 멋지게 어울릴 것 같았다. 그렇지만 아프로디테는 안 사는 게 낫다는 걸 알고 있었다. 아르테미스는 너무 화려하다고 할 게 분명했다.

아라크네의 가게를 나서면서 아프로디테가 말했다.

"클레오 화장품 가게에 잠깐 들르자. 아이라이너를 거의 다 썼거든."

"그래."

아테나는 잠깐 쭈뼛쭈뼛하더니 말했다.

"나도 화장품을 몇 개 사 볼까 싶어."

아프로디테는 아테나의 말에 놀라서 한쪽 눈썹을 치켜들었다. 그러자 아테나가 얼른 덧붙였다.

"립글로스 하나랑 어젯밤에 네가 발라 준 은색 아이섀도 정도만 살 거야."

"어머나, 웬일이야?"

아프로디테는 즐거워서 생글생글 웃었다. 그러나 다음 순간 어두운 생각이 마음을 스치고 지나가면서 아프로디테는 바짝 긴장했다.

'아테나가 왜 갑자기 외모에 관심을 갖는 거지?'

아프로디테는 큰 소리로 탄성을 질렀다.

"아하, 너 좋아하는 남자애가 생긴 거지, 그렇지? 누구야?"

아테나의 얼굴이 발개졌다.

"남자애는 무슨. 진짜 아니야. 그냥 어젯밤에 네가 꾸며 준 덕분에 나도 뭐랄까, 음, 내 자신이 아름답다고 느꼈거든."

아테나는 부끄러운지 발만 내려다보면서 말을 이었다.

"난 그런 느낌을 받아 본 적이 한 번도 없었어. 그런데…… 느껴 보니 좋더라."

아프로디테의 굳은 마음이 사르르 녹아내렸다. 아프로디테는 친구를 안으며 속삭였다.

"아테나, 넌 항상 아름다웠어. 그저 이것저것 발명하고, 최우수 성적을 받기 위해 애쓰느라 너무 바빠서 이제야 그 사실을 알아차린 것뿐이야."

"고마워, 아프로디테. 그런데 남학생들도 어젯밤에야 알아차린 것 같더라."

"그건 걔네들이 널 제대로 안 쳐다봐서 그런 거지."

클레오 화장품 가게에 도착하자 아프로디테는 먼저 필요한 아이라이너를 고르고 이어서 아테나를 위해 회색 아이섀도를 찾았다.

"아, 여기 있다."

아프로디테는 아테나에게 작은 화장품 통을 건네주었다.

"이게 네가 원하는 색깔이야."

아테나는 고개를 주억거리며 아이섀도를 받아들었다. 그런 다음 양손에 비슷비슷해 보이는 진분홍빛 립글로스를 하나씩 들고서 물었다.

"나한테 어느 색깔이 어울릴 것 같아?"

"둘 다 별로야."

아프로디테가 딱 잘라 말하더니 전문가의 눈길로 립글로스 진열대를 쓱 훑어보았다. 그러고는 주홍빛을 탁 잡아챘다.

"이게 네 피부에 가장 잘 어울릴 거야."

아테나는 장난스러운 미소를 지으며 대답했다.

"네, 분부대로 하겠사옵니다."

"뭐, 미모학 공부를 열심히 한 게 여기서 빛을 보네."

아프로디테도 같이 장난을 쳤다.

"어머, 아테나. 저기 새로 들어온 직원인가 봐."

아프로디테와 아테나는 계산대 뒤에 서 있는 여자를 빤히 쳐다 보았다. 그 여자는 보라색 머리카락을 정수리 위로 높이 틀어 올렸고, 눈이 셋이었다. 그 중 둘은 보통 위치에, 나머지 하나는 이마 한가운데 달렸는데 모두 멋진 눈 화장이 되어 있었다. 아프로디테와 아테나가 계산대에 물건을 올려놓자 직원이 상냥하게 웃으며 맞았다.

"둘 다 필요한 걸 모두 찾았니?"

직원은 작은 파피루스 가방에 화장품을 넣더니 아테나에게 건네주었다.

"네, 고맙습니다."

아테나가 대답했다. 아프로디테는 고개를 끄덕이다가 댓바람에 물었다.

"저, 혹시 결혼하셨어요?"

직원은 이마에 달린 가운데 눈을 껌벅였다.

"어, 아니, 안 했단다. 그건 왜 묻니?"

"우리 올림포스 학교에 키클롭스 선생님이라고 계신데요. 그분도 아직 결혼을 안 하셨거든요. 전 틀림없이 두 분이 아주 잘 어울리는 한 쌍……."

직원은 아프로디테를 물끄러미 바라보며 눈을 깜박, 깜박, 깜박였다.

"어, 이 친구 말은 신경 쓰지 마세요."

아테나가 급히 끼어들었다.

"얜 맨날 사람들을 맺어 주려고 하거든요. 사랑의 여신이다 보니 어쩔 수가 없어요."

아테나는 아프로디테의 팔을 잡고서 가게 밖으로 끌어냈다. 가게에서 멀찍이 떨어지자 아테나가 말했다.

"설마 아까 그 직원은 눈이 셋이고, 키클롭스 선생님은 하나라는 이유만으로 둘이 잘 어울릴 거라 생각한 건 아니겠지?"

아프로디테는 멋쩍은 듯이 웃으며 대답했다.

"음, 솔직히 그 생각이 먼저 들기는 했어. 게다가 그분은 머리

칼이 풍성하고 키클롭스 선생님은 대머리잖아."

"그래서?"

"극과 극은 끌리기 마련이니까."

아프로디테는 속으로 생각했다.

'물론 그 말이 진리는 아니지. 적어도 항상 들어맞는 건 아니야. 그래도 잘 기억해 뒀다가 키클롭스 선생님한테 그 직원이야기를 해 드려야지.'

아테나는 아프로디테의 대답에 황당하다는 듯이 눈을 굴렸

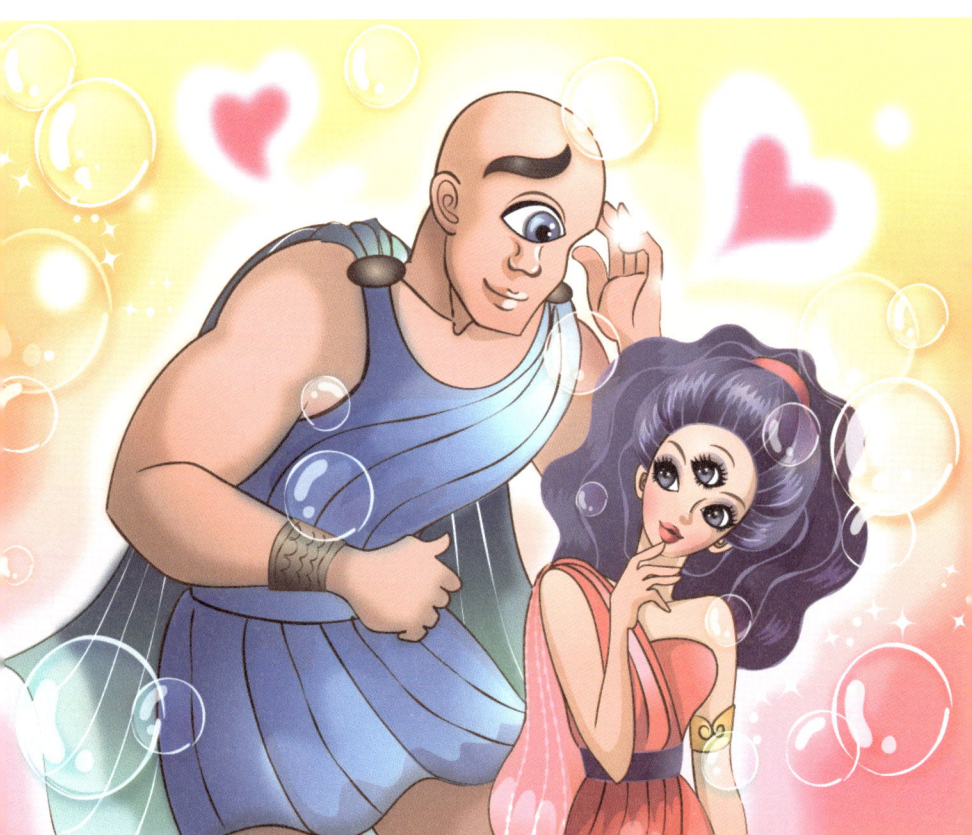

다. 그러나 아프로디테는 모른 척 이야기를 얼른 다른 곳으로 돌렸다.

"어젯밤에 내가 방으로 돌아왔을 때 무슨 일이 있었는지 넌 짐작도 못할 거야."

아까 아르테미스한테는 말할 틈이 없었기 때문에 아프로디테는 짝꿍들과 히포메네스 사건에 대해 이야기하고 싶어서 입이 근질근질했다.

"말해 봐, 아프로디테."

바로 그 순간 아프로디테는 창, 삼지창, 번개를 전문으로 파는 무기 가게에서 아레스와 포세이돈이 나오는 모습을 보았다. 아프로디테는 짐짓 두 소년 신을 못 본 척하며 아테나를 데리고 그쪽으로 자연스럽게 걸어갔다.

"있지, 히포메네스라는 인간이 나한테 편지를 보낸 거야."

"어이, 애들아!"

아레스가 여자아이들을 발견하고 소리쳤다.

아프로디테와 아테나는 그쪽으로 고개를 돌렸다. 아프로디테는 아레스가 다가오자 설레어 순간 몸이 부르르 떨렸다. 하지만 전날의 배신에 대해 앙갚음해 주기 위해 일부러 무시하기로 마음먹었다.

"안녕, 포세이돈."

아프로디테는 누구라도 녹여 버릴 것 같은 미소를 지으며 머릿속에 떠오르는 대로 아무 말이나 꺼냈다.

"내내 물어보려고 했던 건데, 네가 지난번 영웅학 시간 과제를 위해서 디자인했던 물놀이 공원 말이야. 거기에 대해서 좀 더 자세히 알려 줄래?"

"물론이지."

포세이돈은 기분이 좋아 보였다. 하지만 포세이돈이 물놀이 공원의 굉장한 특징들에 대해 줄줄 읊는 동안 정작 아프로디테는 듣는 둥 마는 둥 하고 있었다. 짜증나게도 아레스는 아프로디테가 자신을 무시하거나 말거나 전혀 신경 쓰지 않는 눈치였다. 그저 아테나에게 말을 거느라 바쁠 뿐이었다.

"이야, 아테나, 네 키톤 예쁘다. 새 거야?"

아프로디테의 귀에 아레스의 목소리가 꽂혔다.

'참 나, 어젯밤에도 그 키톤 입고 있었거든? 그걸 기억 못하다니 정말 아레스 너답다.'

"고마워."

아테나가 대답했다. 그러나 아테나는 그 옷을 입은 걸 아레스가 어제 이미 보았다는 말을 따로 하지는 않았다.

"이거 아프로디테 거야. 아프로디테가 빌려 줬어."

"그래? 지금부터 내가 하는 말, 아프로디테에게 비밀이야. 솔직히 아프로디테보다 너한테 훨씬 잘 어울려."

그러나 아레스의 목소리가 하도 커서 아프로디테도 그 말을 충분히 또록또록 들을 수 있었다.

"아니야, 그렇지 않아!"

아테나는 황급히 아프로디테를 쳐다보았다.

친구가 의리를 지켜 주니 좋았지만, 그래도 아프로디테는 울컥 부아가 치밀었다.

'어떻게 아레스가 저렇게 내 마음을 아프게 하는 소리를 할 수 있지?'

아프로디테는 못 들은 척 포세이돈과 이야기를 계속했다. 그러나 얼마 지나지 않아 아테나 쪽으로 고개를 돌리고서 말을 걸었다.

"있지, 아테나. 난 이제 필요한 건 다 산 것 같아. 괜찮으면 기숙사로 돌아가지 않을래?"

"그래, 그러자."

아테나는 아무래도 아프로디테가 앵한 걸 눈치챈 것 같았다.

둘은 포세이돈과 아레스에게 대충 작별 인사를 했다. 그런 다음, 아프로디테는 아테나의 손을 잡고 밖으로 끌고 나갔다.

"티니, 또 보자."

아레스가 뒤에서 소리쳤다.

쇼핑센터에서 나오자 아테나가 말했다.

"아레스는 진짜 왕짜증이야."

그러나 아프로디테는 샌들의 끈을 풀어 뒤축에 달린 은색 날개를 자유롭게 해 줄 뿐 아무 대꾸가 없었다. 아테나는 아프로디테 쪽을 힐끔힐끔 쳐다보았다.

"아까 아레스가 지껄인 말, 너한테 들린 거 알아. 그건 그냥 말도 안 되는 소리야."

아프로디테는 겨우겨우 어깨를 살짝 들썩여 보였다.

"신경 안 써."

그건 거짓말이었다. 아프로디테는 금방이라도 눈물이 터질 것 같았다. 그저 빨리 방으로 돌아가서 펑펑 울고 싶을 뿐이었다. 샌들 끈이 다시 발목을 감고 뒤꿈치의 날개가 파닥이기 시작했다. 샌들이 올림포스 산 꼭대기로 날듯이 달려가는 동안 아

프로디테와 아테나는 한마디도 하지 않았다.

"내가 생각해 봤는데 말이야."

올림포스 학교의 청동 문 앞에 멈춰 서자 아테나가 조심스레 말을 꺼냈다.

"아무래도 아레스는 네 질투심을 불러일으키려고 하는 것 같아. 그 애가 말썽 일으키는 걸 얼마나 좋아하는지 너도 알잖아."

'그렇구나! 난 왜 진작 그 생각을 못 했지?'

아프로디테는 그제야 마음이 놓였다.

"네 말이 맞는 것 같아."

아프로디테가 벌인 게임에서 아프로디테를 이겨 버리다니 정말 아레스다운 일이었다.

'내가 아레스를 무시하고 포세이돈과 이야기를 나누니까 자기도 날 무시하고 아테나에게 관심 있는 척한 거야.'

아프로디테와 아테나는 샌들을 벗고 학교 현관을 지나 4층으로 가는 대리석 계단을 올랐다. 아프로디테는 맨발에 닿는 대리석의 차갑고 매끈한 느낌이 좋았다. 4층 공용 신발 바구니에 샌들을 툭 던져 넣고 돌아섰을 때 아테나가 복도 한쪽을 가리켰다. 어느 방문 앞에 어마어마하게 커다란 분홍색 장미 꽃다발이 놓여 있었다.

"아프로디테, 저것 봐! 저기 혹시 네 방 아니니?"

"어머, 정말!"

아프로디테는 흥분에 휩싸였다.

'아레스가 꽃을 보낸 걸까? 사과의 뜻으로 오늘 아침 일찍 주문했나 봐. 아니면 우리가 쇼핑센터를 떠나자마자 시켰거나.'

아프로디테와 아테나는 얼른 방문 앞으로 달려갔다. 아름다운 장미가 도자기 꽃병에 곱게 꽂혀 있었다. 꽃병에는 헤르메스 꽃 배달 서비스의 상징인 날개 달린 전차를 탄 남자가 검정색 물감으로 그려져 있고, 꽃다발 중 한 송이에 작은 파피루스가 묶여 있었다. 아프로디테는 서둘러 리본을 풀고 파피루스를 펼쳤다. 아테나는 친구에게 좋은 일이 생기자 함께 들떠서 물었다.

"누구한테서 온 거야?"

아프로디테의 얼굴에서 미소가 싹 사라졌다.

"헤파이스토스."

아프로디테는 실망하는 빛을 도무지 감추지 못했다. 아레스가 보냈으리라고 잔뜩 기대했기 때문이었다.

"아!"

아테나는 뭐라고 해야 할지 몰라서 주저했다.

"예쁘네."

아프로디테는 시무룩하니 고개를 끄덕였다.

"참, 아프로디테, 어젯밤에 어떤 인간이 편지를 보냈다고 했잖아. 그 이야기를 마저 해 주지 않을래? 무슨 일이 있었던 거야?"

아프로디테는 어깨를 축 늘어뜨리고서 대답했다.

"나중에 해 줄게."

"어, 그래."

아테나는 그제야 아프로디테가 혼자 있고 싶어 한다는 걸 알아차린 것 같았다.

"그럼 난 가서 공부할래. 나중에 보자."

"그래."

아프로디테는 꽃다발을 방 안의 책상에 올려놓았다. 정말 아름답고 향기로운 장미였다. 누가 보냈든 반기지 않을 이유가 없었다. 그러나 이제 아프로디테는 헤파이스토스 문제를 어찌 처

리할지도 생각해 봐야 했다. 아프로디테는 헤파이스토스와 사귀고 싶지 않았다! 헤파이스토스는 좋은 아이였지만 절대 아프로디테의 이상형은 아니었다. 그저 부드럽게 거절할 수 있기만 바랄 뿐이었다.

'아, 아레스는 또 어떻게 해야 하는 거야?'

6 소문

일요일, 아프로디테는 온종일 방에 처박혀 있었다. 방에 있으면 헤파이스토스도 아레스도 피할 수 있으니 그 둘에 대해 어찌해야 할 필요도 없었다. 대신 아프로디테는 빨간 깃털 펜과 분홍 파피루스 뭉치를 들고 책상에 앉아서 어떻게 히포메네스를 도울지 머리를 굴렸다. 이틀 후가 경기였다!

'날개 달린 샌들을 슬쩍 건네줄까?'

아프로디테는 일단 그 생각을 끼적여 보았다. 아탈란테가 아무리 빠르다 해도 날개 달린 샌들을 신은 상대를 이길 수는 없었다. 하지만 샌들은 사람들 눈에 띄기 마련이었다. 설사 히포메네스가 샌들을 신는다고 해도 샌들이 제대로 작동하려면 신이나 여신이 손을 잡아 주어야 했다. 게다가 히포메네스가 그렇게 유리한 고지를 차지한 채 경기를 치르도록 이아소스 왕이 허락해 줄 리도 없었다.

"휴."

아프로디테는 한숨을 쉬며 샌들 아이디어에 찍찍 줄을 그어 지워 버렸다.

'그냥 달리기 경기는 집어치우고 둘이 사랑의 도피를 하면 안 될까?'

아프로디테가 보기에 아탈란테도 히포메네스를 몹시 좋아하니 어쩌면 이 생각에 동의할지도 몰랐다. 밤에 몰래 궁전을 빠져 나와서 이아소스 왕이 알아차리기 전에 멀리 떠나 버리면 될 것 같았다.

'아차차, 지난번에 파리스와 헬레네에게 이 방법을 제안했다가 전쟁이 일어나 버렸잖아!'

아프로디테는 그 아이디어도 직직 지웠다. 몇 시간이나 궁리궁리했지만 떠오르는 아이디어는 모조리 심각한 결함을 안고 있었다. 결국 몇 시간이나 노력해서 얻은 것이라고는 직직 지워 버린 문장만 가득한 종이뭉치 뿐이었다.

다음 날 아침, 아프로디테가 영웅학 교실에 들어섰을 때 반

아이들은 어떤 이야기에 한참 열을 올리고 있었다. 그러다 아프로디테가 자리에 앉자 이야기를 뚝 그치더니 호기심에 가득 찬 눈빛으로 아프로디테를 바라보았다.

'어라, 이상하다?'

남자아이들의 시선을 받는 건 워낙 익숙한 일이었지만, 오늘은 여자아이들도 아프로디테를 빤히 쳐다보고 있었다. 아이들의 얼굴에 뭔가 헤아릴 수 없는 묘한 표정이 어려 있자, 아프로디테는 어쩐지 불안해졌다.

아프로디테는 건너편에 앉아 있는 아테나를 바라보았다. 아테나는 늘 그렇듯이 교과서에 얼굴을 파묻고 있었다. 전날 저녁 아프로디테는 히포메네스에 관한 이야기를 들려주고 도움을 구하려고 아테나의 방문을 두드렸지만 아테나는 나가고 없었다. 아르테미스도 방에 없기는 매한가지였다. 아마 개들을 산책시켜 주러 나간 것 같았다.

"에헴."

파마가 누군가의 주의를 끌려는 듯이 헛기침을 했다. 아프로디테가 그쪽으로 고개를 돌리자 파마는 주황색 뾰족 머리를 얼른 아래로 숙였다.

파마가 또 무슨 소문을 퍼뜨린 것일까? 그렇다 하더라도 그건 별스러운 일도 아니었다. 파마가 괜히 소문의 여신이겠는가.

'흠, 파마랑 학교 전령이랑 맺어 주면 잘 어울릴지도 몰라.'

극과 극인 사람들이 종종 서로에게 끌린다는 것도 사실이지만 어느 정도 관심사가 비슷한 경우도 좋은 짝이 될 수 있다. 소식을 전한다는 점에서 파마와 학교 전령은 같은 분야에서 일하는 셈이었다.

아프로디테는 그 생각을 써 두려고 빨간 펜을 꺼냈다가 펜을 든 채로 굳어 버렸다. 갑자기 어떤 생각이 떠올랐기 때문이었다.

'파마가 이번엔 무슨 소문을 낸 거지? 설마 나에 대한 거야?'

아프로디테는 목이 콱 메는 것 같았다.

저쪽 너머에서 메두사가 뱀들이 꿈틀거리는 머리를 아프로디테 쪽으로 기울이더니 능글맞게 웃었다.

"어머, 뽀글이, 주말 잘 보냈어?"

"그래. 듣자 하니 넌 어디 좀 빠졌다며?"

아프로디테는 겉으로는 침착하게 대꾸했다. 하지만 속에서는 불안한 마음이 스멀스멀 올라오고 있었다. 이번에는 메두사의 뱀 때문이 아니었다.

메두사가 지지 않고 바로 쏘아붙였다.

"나도 듣자 하니 넌 새 애인이랑 사랑에 빠졌다던데?"

아프로디테의 눈이 휘둥그레졌다.

"무슨 소리 하는 거야?"

메두사는 다시 히죽히죽 웃었다. 뱀 몇 마리가 메두사의 목에 슬며시 똬리를 틀며 두툼하니 살아 있는 목걸이를 이루었다.

"왜 분홍 장미 있잖아?"

아프로디테는 저도 모르게 볼이 벌게졌다.

메두사의 반대편에서 파마가 신경질적으로 키득거렸다.

'파마가 떠들고 다닌 게 그 일이구나. 그럼 파마가 직접 메두사에게 꽃다발 이야기를 한 건가? 파마가 그 일을 어떻게 알지? 설마…….'

아프로디테는 아테나를 바라보았다. 아테나가 인상을 팍 찌푸린 채 파마를 노려보고 있었다.

'아냐, 아테나가 말했을 리가 없어. 아테나는 소문 따위 떠벌리는 애가 아니야!'

"그래, 친구한테서 장미 좀 받았어. 그게 뭐?"

아프로디테는 아무렇지도 않은 목소리를 내느라 기를 써야

했다.

메두사는 짙은 초록 눈썹을 치켜들었다.

"남자애들은 그냥 친구 사이에 장미를 선물하거나 하지 않거든."

"어머, 그래?"

아프로디테는 메두사를 차갑게 쏘아보았다.

"그걸 네가 무슨 수로 아니?"

메두사가 아프로디테를 노려보자 뱀들이 혀를 날름거리며 아프로디테를 향해 달려들었다. 만약 아프로디테가 인간이라면 단번에 돌로 변해 버렸겠지만 아프로디테는 여신이라 메두사의 마법이 먹히지 않았다. 그리고 다행히 키클롭스 선생님이 수업을 시작했다.

수업이 끝나자마자 아테나가 복도로 튀어나가 버려서 아프로디테는 소문에 대해 물어볼 틈이 없었다. 사실 그건 새삼스러운 일도 아니었다. 아테나는 다음 수업에 일찍 도착하려고 늘 서둘러 다녔다. 그만큼 아테나에게는 공부보다 좋은 게 없었다.

다음 수업인 공예학 시간 동안 아프로디테는 미노타우로스의 모자이크를 맞추면서 메두사가 했던 말을 곰곰이 곱씹어 보았다. 그런데 생각하면 생각할수록 속이 뒤집혔다.

'아테나가 소문을 퍼뜨린 걸까? 물론 장미에 대해서 비밀로 해 달라고 내가 정확히 부탁한 적은 없지. 그래도 진정한 친구라면 그런 건 말 안 해도 알 거 아냐!'

아프로디테는 도무지 하는 일에 집중할 수가 없어서 몇몇 타일을 엉뚱한 자리에 붙이고 말았고, 결국 아프로디테가 만든 미노타우로스는 한쪽 뿔이 가슴에 달리게 되었다.

실수를 발견한 아프로디테는 투덜거리며 타일을 뜯어내고 다시 붙이기 시작했다. 그래도 자꾸 생각이 엉뚱한 곳으로 흘렀다. 자신의 이름이 하필 헤파이스토스와 로맨틱하게 이어지다니 생각만 해도 너무 창피했다. 아프로디테는 새 타일을 신경질적으로 탁 붙이며 생각했다.

'아니, 헤파이스토스는 그렇게 덜렁 꽃을 보내면 어떻게 해? 어떤 소문이 돌게 되는지 몰라서 그런 거야? 그리고 아테나도 그래. 내가 자기를 얼마나 도와줬는데 이런 식으로 내 믿음을 배신할 수가 있어?'

오전 시간이 지나갈수록 아프로디테는 더욱 더 짜증이 났다. 그리고 점점 피해망상이 들었다. 어디서 속닥속닥하는 소리만 들려도 자기와 헤파이스토스 이야기를 하는 것 같아서 걱정이 되었다. 점심시간이 되자 아프로디테는 순서를 양보해 주겠다는 소년 신에게 버럭 화를 냈다. 마침내 페르세포네와 아르테미스 앞에 앉았을 때 아프로디테는 화가 머리끝까지 치밀어 있었다. 아프로디테가 암흑 스튜 그릇을 거의 던지다시피 탕 하고 내려놓자 식탁에 그레이비소스가 철벅 튀었다.

아르테미스와 페르세포네는 깜짝 놀라서 아프로디테를 쳐다보았다.

"아싸!"

아르테미스가 환호성을 지르더니 빵 세 조각을 그레이비소스에 적셔서 탁자 아래에 있는 개들에게 먹였다.

"뭐 안 좋은 일이라도 있어?"

페르세포네가 걱정하는 눈길로 바라보며 묻자 아프로디테는 고개를 끄덕였다.

"끔찍한 하루야."

잠시 후 아테나가 두루마리가 잔뜩 든 가방과 석류 시리얼 그릇을 식탁에 내려놓으며 아프로디테 옆에 앉았다. 아테나는 곧바로 뭔가 분위기가 이상하다는 걸 알아차렸다.

"아프로디테, 무슨 일 있어?"

아프로디테는 씩씩거리며 스튜만 뚫어져라 바라보았다. 아테나가 아르테미스와 페르세포네를 쳐다보자 둘은 아프로디테가 왜 저러는지 자기들도 모르겠다는 표시로 어깨만 으쓱했다.

마침내 아프로디테가 입을 열었다.

"아까 수업 시간에 메두사 얘기 못 들었어?"

"아, 그거."

아테나는 그릇에 숟가락을 담그며 대답했다.

"나라면 걔가 하는 소리는 그냥 무시하겠어."

그러자 아프로디테는 아테나를 노려보며 쏘아붙였다.

"너 말 참 쉽게 한다? 지금 파마가 내는 소문에 시달리는 건 네가 아니라 나잖아."

아테나는 의아하다는 표정으로 숟가락을 내려놓았다.

"설마 그게 내 탓이라고 생각하는 건 아니겠지?"

"그럼, 아냐?"

보다 못한 페르세포네가 끼어들었다.

"애들아, 잠깐. 이게 다 무슨 소리니?"

아테나가 한숨을 푹 쉬더니 대답했다.

"파마가 1교시 때 반 아이들에게 누가 아프로디테에게 분홍 장미를 보냈다고 떠벌렸어."

"네가 파마한테 알려 줬겠지! 아니면 걔가 무슨 수로 그 일을 알겠어?"

아프로디테가 버럭 소리를 지르자 아테나의 얼굴빛이 냉랭해졌다.

"난 말 안 했어. 꽃다발이 네 방문 앞에 놓여 있었잖아. 기억 안 나? 누구라도 꽃이 배달된 걸 볼 수 있었어."

아르테미스도 끼어들었다.

"아, 나도 활쏘기 수업 때 누가 그 얘기하는 거 들었어. 그래, 네 수많은 추종자 중 대체 누가 그걸 보낸 거야?"

아프로디테는 목부터 볼까지 새빨개지더니 목소리를 낮추어 대답했다.

"헤파이스토스."

"금요일 저녁 파티에서 너한테 말 걸던 애?"

페르세포네가 물었다. 아프로디테가 대답하려는데 다시 아르테미스가 질문을 던졌다.

"꽃을 보낸 남학생이 그 애라는 걸 메두사가 알고 있었어?"

그러자 아테나가 자기 생각을 밝혔다.

"설사 메두사가 알더라도 무조건 날 의심할 수는 없어. 사실 꽃에 달려 있던 쪽지는 누구나 펼쳐 볼 수 있잖아. 파마는 늘 이곳저곳 쑤시고 다니니까 걔라면 몰래 열어 보고도 남지. 게다가 파마는 우리 층 맨 끝 방에 살고 있어."

아프로디테는 속으로 생각했다.

'그래, 아테나 말이 맞아.'

아프로디테는 메두사가 헤파이스토스의 이름을 말했는지 기억을 더듬어 보았다. 어쩌면 누가 보냈는지 메두사는 모를 수도 있었다. 아프로디테가 아테나에게 사과하려는 순간 아레스가 네 여신의 자리로 다가왔다.

아레스를 무시하기로 한 계획은 까마득히 잊어버린 채 아프로디테는 아레스를 향해 환하게 미소 지었다. 지금까지 그 정도 미소를 보였을 때 아레스가, 아니 사실 그 미소를 본 소년 신이라면 누구라도, 아프로디테에게 홀딱 반하지 않은 적이 없었다. 그런데 이번에는 달랐다. 아레스는 아프로디테의 매력에 면역력이라도 생긴 것 같았다.

"안녕, 티니."

아레스는 아테나의 가방을 휙 들어 올리더니 물었다.

"내가 다음 교실까지 가방 들어 줄까?"

아테나는 아레스에게서 가방을 도로 뺏더니 아레스의 손이 닿지 않도록 쟁반 반대편에 내려놓았다.

"아니, 됐거든. 나 혼자서도 잘 들고 다녀."

아프로디테는 페르세포네와 아르테미스를 힐끗 쳐다보았다가 둘의 얼굴에서 안됐다는 표정을 읽고서 움찔했다. 아프로디테가 평소 밖으로 드러내는 것보다 아레스를 좋아하는 마음이 훨씬 더 크다는 걸 친구들도 알고 있는 모양이었다.

'그렇다고 어떻게 날 불쌍하게 여길 수가 있어?'

아프로디테는 등을 꼿꼿이 세우고 말했다.

"아테나, 쓸데없이 고집 피우지 마. 아레스가 가방을 들게 내

버려 둬. 아레스는 황소보다……."

"고마워."

아레스가 아프로디테의 말을 자르더니 씩 웃으며 울룩불룩한 팔 근육을 자랑했다. 그러자 아프로디테는 경멸하듯이 말을 맺었다.

"힘은 센데, 머리는 황소보다 두 배는 나쁘지."

아레스는 아프로디테에게 얼굴을 정통으로 얻어맞기라도 한 듯이 인상을 팍 썼다. 아프로디테는 친구들이 놀란 눈으로 자기를 빤히 쳐다보는 걸 느낄 수 있었다. 스스로 생각해 보아도 용서받기 어려울 만큼 무례하게 굴었지만 이미 일은 벌어져 버렸고, 이제 와서 말을 도로 주워 담을 수도 없었다.

아레스는 식당에 앉은 학생 중 반 이상은 너끈히 들을 수 있을 만큼 커다란 목소리로 떠들기 시작했다.

"아 참, 아프로디테. 네 분홍 장미 얘기

는 들었어. 네가 설사 사랑의 여신일지는 모르지만, 정작 넌 누군가를 사랑할 수 있는 마음이 없잖아. 전교생이 그 사실을 다 알고 있어. 누군지는 몰라도 꽃을 보낸 녀석이 불쌍하다."

아프로디테는 눈을 깜박이며 쏟아지려는 눈물을 참았다.

'모두 그렇게 생각한다면 모두가 다 틀린 거야. 나한테도 누군가를 사랑하는 마음이 있어. 지금 막 네가 그 마음을 짓밟아 버렸잖아!'

아레스는 계속 떠들어 댔다.

"나라면 절대로 꽃 따위는 보내지 않겠어. 그건 여자애들이나 하는 짓이지."

"아레스, 입 닥쳐!"

아르테미스가 쏘아붙였다.

"아레스, 그냥 가는 게 좋을 것 같아. 지금은 때가 좋지 않네."

페르세포네가 말리고 나섰다. 그러자 느닷없이 아테나가 일어섰다.

"아니, 내가 갈게."

아테나가 가방을 집으려 하자 아레스가 먼저 가방을 획 잡아챘다.

"내가 들어 줄게. 제발 부탁이야. 너랑 하고 싶은 이야기가 있단 말이야."

아테나는 잠시 망설이다가 포기하고서 아레스와 함께 자리를 떴다.

아프로디테도 일어섰다. 아프로디테는 페르세포네와 아르테미스의 얼굴을 보더니 기분 나쁜 듯이 중얼거렸다.

"그렇게 쳐다보지 마. 아레스가 아테나를 좋아하건 말건 난 상관없어. 사실 둘이 결혼한다고 나서도 난 신경도 안 쓸 거야!"

그 말을 남긴 채 아프로디테는 파티에서 그랬던 것처럼 식당을 서둘러 빠져나왔다. 볼은 타는 듯 화끈거리고 마음은 갈가리 찢겼다.

7 올리브 과수원

아프로디테는 그날 나머지 수업을 어찌어찌 겨우 마쳤다. 다행히 오후에는 짝꿍들과 같이 듣는 수업이 없었다. 아프로디테는 점심 때 자신이 못되게 굴었다는 걸 알고 있었던 만큼 아직은 친구들을 마주하고 싶지 않았다. 수업을 마친 후 아프로디테는 기숙사 방으로 돌아가지 않고 교과서 두루마리를 사물함에 넣고 밖으로 나갔다.

"아프로디테, 잠깐만!"

'헤파이스토스! 설마 날 기다리고 있었던 거야?'

아프로디테는 헤파이스토스와, 아니 어떤 신과도 이야기를 나눌 기분이 아니었다. 그래서 헤파이스토스 정도는 쉽게 앞지를 수 있으리라 생각하고서 못 들은 척하며 학교 뜰을 빠른 걸음으로 가로질렀다.

그러나 헤파이스토스는 계속해서 아프로디테를 불러 댔다. 캉캉 지팡이 디디는 소리가 아프로디테가 생각한 것보다 훨씬 빨리 쫓아왔다.

'아, 헤파이스토스. 너한테 매몰차게 굴고 싶지 않아. 그런데 왜 이렇게 눈치가 없니? 난 혼자 있고 싶단 말이야!'

아프로디테는 헤파이스토스가 쫓아오며 자기 이름을 불러 대는 걸 누가, 특히 파마나 메두사 같은 아이들이 볼까 봐 두려웠다. 결국 아프로디테는 남들 눈에 띄지 않고 헤파이스토스와 조용히 이야기 나눌 곳을 두리번거리며 찾았다.

학교 뜰 한쪽에 작은 올리브 과수원이 있었다. 그곳이라면 꼬치꼬치 캐고 다니기를 좋아하는 아이들의 눈을 피할 수 있을 것 같았다. 아프로디테는 헤파이스토스에게 따라오라는 손짓을 하며 과수원으로 들어갔다. 은초록 나뭇잎이 반짝이는 과수원은 아테나가 올리브를 발명한 결과로 최근에 만들어진 곳이었다.

마침내 헤파이스토스가 아프로디테를 따라잡았다.

"우아, 너 걸음이 정말 빠르구나."

헤파이스토스가 숨을 헉헉 몰아쉬며 나무 기둥에 몸을 턱 기대자 은초록 나뭇잎이 팔락팔락 바닥으로 떨어졌다.
 "아프로디테, 내가 보낸 장미 받았니?"
 "그래, 받았어. 고마워."
 아프로디테는 근처 나무 아래의 기다란 돌 의자에 다리를 꼬고 앉았다. 막상 헤파이스토스와 얼굴을 마주하게 되니 딱 잘라 좋아하지 않는다고, 그러니까 이성 친구로서는 아니라고 말하기가 쉽지 않을 것 같았다. 아프로디테는 숨을 한 번 깊게 들이쉬었다.
 "있잖아, 그런 거……."
 그때 헤파이스토스가 아프로디테의 말을 잘랐다.
 "보내지 말라고?"
 헤파이스토스는 나무 기둥을 밀고 일어서서 아프로디테의 곁에 앉았다.

"그 장미에 대해서 오해하지 말았으면 좋겠어."

"어……."

아프로디테는 머뭇머뭇 말을 꺼내려 했다. 그러나 뭐라고 하기 전에 헤파이스토스가 빙글빙글 웃었다.

"너한테 새 남자 친구가 생겼다는 소문이 돌더라. 그게 나라는 걸 알면 다들 어안이 벙벙하겠지? 아니, 친구 사이에는 꽃을 보내면 안 된다는 법률이라도 있는 거야, 뭐야?"

헤파이스토스의 얼굴이 하도 진지해서 아프로디테는 저도 모르게 맞장구를 쳤다.

"그러게 말이야."

헤파이스토스는 쭈뼛쭈뼛 아프로디테를 쳐다보다가 다시 눈길을 돌렸다.

"어, 그래서……, 험험."

헤파이스토스가 목을 가다듬었다.

"장미는…… 마음에 들었어?"

"응. 정말 예뻤어."

아프로디테는 잠시 말이 없다가 다시 입을 열었다.

"향기도 아주 좋아. 부드

러워. 나한테 그 장미를 선물한 신처럼 말이야. 하지만……."

헤파이스토스가 끼어들며 신이 나서 말했다.

"넌 분홍색을 좋아할 것 같았는데, 내 짐작이 맞은 거지? 보니까 넌 분홍색을 자주 입더라."

"응, 분홍색을 굉장히 좋아해."

아프로디테는 애정 어린 눈빛으로 헤파이스토스를 가만히 바라보았다.

"왜 그래?"

헤파이스토스가 물었다. 아프로디테의 표정에서 뭔가를 읽은 것 같았다.

아프로디테는 어깨를 한 번 으쓱하더니 대답했다.

"그냥 넌 다른 남자애들과 참 많이 다르다는 생각을 하고 있었어."

헤파이스토스가 언짢은 얼굴로 자세를 고쳐 앉자, 아프로디테는 서둘러 말을 덧붙였다.

"칭찬으로 하는 소리야. 내가 분홍색을 얼마나 자주 입는지를 보고 좋아하는 색깔을 알아내다니. 그만큼 관찰력 있는 남자애가 우리 학교에 달리 또 누가 있겠어?"

모르긴 해도 아레스는 절대 해당되지

않았다. 최근 아레스에게 그런 푸대접을 받고 나니 과연 자신에게 아레스에 대한 마음이 남아 있기는 한지 아프로디테 스스로도 알 수 없었다. 그러나 본디 마음이란 그렇게 알 수 없는 방식으로 움직이기 마련이었다.

헤파이스토스는 부끄러운 듯이 미소 지으며 호주머니에서 뭔가를 꺼냈다.

"너한테 줄 선물이 또 있어."

"오, 헤파이스토스. 그러지 마."

아프로디테는 손사래를 치며 말리려 들었다. 그러나 헤파이스토스는 짐짓 모르는 척, 아프로디테의 손목에 큼직한 황금 팔찌를 끼워 주었다.

"어머나, 세상에! 정말 멋지다!"

아프로디테는 탄성을 터뜨리며 팔찌를 이리저리 돌려 보았다. 나무 사이로 비치는 햇살을 받자 팔찌가 눈부시게 반짝였다. 얇게 두드려 편 금판에 나뭇잎이 섬세하게 새겨져 있고, 사이사이에 로즈골드라는 귀한 분홍색 금으로 만든 작은 장미까지 달려 있었다.

"마음에 든다니 나도 기분 좋은데."

헤파이스토스는 기뻐하는 기색이 역력했다

"이 팔찌 어디서 구한 거야? 불멸 쇼핑센터의 귀금속 가게에서 파는 거니?"

아프로디테는 멋진 팔찌에서 도무지 눈을 떼지 못했다.

'당연히 돌려줘야만 하겠지? 아, 그러기엔 너무 예쁜걸.'

"내가 만들었어."

헤파이스토스는 자랑스러운 듯 함박웃음을 지으며 말했다.

"널 위해서 말이야."

"우아, 헤파이스토스. 너 진짜 재주가 대단하구나. 그런데 이런 걸 받아도 될지……."

아프로디테는 망설이며 한동안 팔찌를 더 만지작거렸다. 정말 가지고 싶었다. 그러나 헤파이스토스한테 오해를 사고 싶지 않았다.

'이 팔찌를 받으면 나도 자기 여자 친구가 되고 싶어 한다고 생각하지 않을까?'

바로 그때 근처에서 빠직하고 나뭇가지 부러지는 소리가 났다. 아프로디테와 헤파이스토스는 둘 다 깜짝 놀랐다. 누군가 과수원으로 들어선 모양이었다.

"얼른 숨어!"

아프로디테가 속삭였다.

"우리 둘이 있는 걸 다른 애들이 보면 안 돼."

순간 헤파이스토스의 얼굴에 상처받은 표정이 스치고 지나갔다. 이윽고 헤파이스토스는 뻣뻣이 굳은 얼굴로 고개를 끄덕였다.

"그래. 이해해. 내가 갈게."

헤파이스토스는 지팡이를 짚고 일어나 몇 걸음을 떼더니 갑자기 뒤로 돌아섰다. 그러고는 잠시 동안 아무 말 없이 아프로디테를 지그시 바라보았다.

아프로디테는 헤파이스토스가 왜 그러는지 알 수 있었다. 헤파이스토스는 아프로디테가 '사람들이 어떻게 생각하든지 무슨 상관이야? 볼 테면 보라지 뭐.'라며 마음을 바꾸기를 기다리고 있었다.

헤파이스토스가 상냥한 두 눈에 기대를 담고 쳐다보자 아프로디테는 거의 마음을 바꿀 뻔했다. 그러나 그 순간 나무가 살짝 흔들리면서 과수원에 들어선 이가 보였다.

'어머, 아레스 아냐!'

아프로디테의 의지와는 상관없이 심장이 콩닥콩닥 뛰기 시작했다.

"안녕, 헤파이스토스!"

아프로디테는 서둘러 손을 흔들어 인사하며 헤파이스토스를 보냈다. 하는 수 없이 헤파이스토스는 어깨를 축 늘어뜨린 채 떠나갔다.

아프로디테는 헤파이스토스를 그런 식으로 대한 데 대한 죄책감을 잠시 옆으로 밀어내고서 서둘러 키톤 치맛자락을 의자에 펼쳐 양 옆으로 치마가 우아하게 흘러내리도록 만들었다. 아레스가 자신을 발견하면, 아프로디테는 아레스가 다가오는 줄 전혀 몰랐다는 듯이 깜짝 놀라는 척할 작정이었다.

'아마 아레스는 지난 며칠 간 날 무시하고, 나한테 마음이 있다 없다 운운한 걸 사과하러 오는 걸 거야. 아레스가 정중하게 사과하면, 나도 못 이기는 척 아레스의 지능이 황소 수준이라고 한 걸 사과할 마음이 들지도 모르지. 물론 아레스는 나한테 마음이란 게 존재하는지 어쩐지도 잘 모르지만 말이야.'

"웩! 어우, 맛없어! 퉤!"

아레스가 뭔가를 뱉었다.

"인간들은 어떻게 이런 걸 좋아하냐?"

아프로디테는 화들짝 놀라서 빳빳이 긴장했다.

'어머, 아레스만 있는 게 아닌가 봐! 누구랑 이야기하는 거지?'

귀에 익은 목소리가 들리는 순간 아프로디테는 하마터면 의자에서 미끄러질 뻔했다.

"아레스, 올리브는 나무에서 따서 바로 먹는 게 아니야. 먼저 보존 처리부터 해야 해."

'아테나?'

질투심이 세찬 강물처럼 아프로디테의 온몸을 휘감았다.

'아레스와 여길 오다니 도대체 무슨 생각인 거야? 아레스를 좋아하지도 않으면서! 설마 좋아하는 거 아냐?'

아프로디테는 얼른 잉꼬로 변신해서 가까운 올리브 나무에 높이 올라앉았다. 거기서 몰래 둘을 염탐하면서 무슨 일인지 모조리 알아낼 심산이었다. 아레스와 아테나가 모습을 드러내자 깃털 속 작은 심장이 콩콩콩 뛰었다.

"그럼 그렇지."

아레스는 아테나가 지나갈 수 있도록 나뭇가지를 살짝 치워 주었다.

"네가 이렇게 맛없는 걸 발명했을 리가 없지."

아프로디테는 놀라서 구슬 같은 두 눈을 깜박였다.

'저건 나한테도 써먹은 구절이잖아!'

"그리스 사람들은 올리브를 여러 용도로 쓰고 있어."

아테나는 자부심 가득한 목소리로 말을 이었다.

"그냥 먹기만 하는 게 아니라 기름을 짜서 등을 밝히고 난방을 해. 향수나 약까지 만들어."

'그래, 계속 조잘거려 봐.'

아프로디테는 질투에 차서 생각했다. 아프로디테가 아는 아레스라면 금방 지루해할 게 분명했다. 몸 쓰는 게 천성인 아레스는 여자아이들이 조금만 길게 이야기해도 '실없는 수다'라며 못 견뎌 했다.

그러나 다음 순간 아프로디테는 아레스의 입에서 나온 말을 듣고 깜짝 놀랐다.

"이야, 아테나. 그거 알아? 난 너처럼 똑똑한 여자애는 본 적이 없어. 정말 신선하다."

'신선하다고? 그건 또 무슨 의미래?'

그야말로 아프로디테의 심기를 불편하게 하는 말이었다.

'그럼 은근히 난 멍청이라고 말하는 거잖아? 예쁘긴 하지만 머리가 텅 비었다, 이거 아냐?'

아프로디테는 어찌나 짜증이 치미는지 아레스의 눈을 쪼아 버리고 싶을 정도였다!

아테나는 아주 당황했는지 목소리에서 끼익하는 소리마저 났다.

"그래?"

"그럼, 진심이야."

아레스는 올리브를 몇 알 따더니 공중으로 번갈아 던져 가며 저글링 묘기를 보였다.

"네 이름을 딴 도시가 있으려면 똑똑해야 할 거 아니야. 거기 이름이 아테네였던가? 올리브를 발명한 덕에 그런 영예를 얻게 되리라고 누가 생각이나 했겠어?"

아테나는 겸손하게 어깨를 으쓱해 보였다.

"그래, 사실 나도 놀랐어."

"진짜 감동적이야."

아레스는 아테나의 말은 들리지 않는 듯 혼자 중얼거렸다.

"나도 내 이름을 딴 도시가 있으면 좋겠어."

그 말에 아프로디테는 속으로 생각했다.

'어휴, 정말 아레스 너답다.'

아레스는 스스로에 대한 자부심이 누구보다 컸다.

'내가 왜 저런 애한테 시간을 낭비했을까?'

아프로디테는 사랑의 여신이니 마음의 문제라면 누구보다 정통할 것 같지만, 정작 자신의 사랑 문제에 대해서 헤매는 건 다른 사람이나 신들과 마찬가지였다.

'아레스가 미남이기는 하잖아. 그리고 매력적이기도 하고. 몇 주 전 댄스파티에서 함께 춤추며 체육관을 돌았을 때만 해도 아레스는 날 멋지게 이끌어 주면서 오직 나만 쳐다봤는데.'

아프로디테는 추억에 빠져서 그 뒤로 아테나와 아레스가 무슨 이야기를 주고받았는지 놓치고 말았다.

"저리 가!"

아테나가 자리에서 벌떡 일어나며 소리치는 바람에 아프로디테는 퍼뜩 정신을 차렸다.

"워워, 티니. 화내지 마. 내가 그런 뜻으로 말한 게 아니라는 거 너도 알잖아."

아레스가 일어서며 애걸복걸했다.

아프로디테는 스스로에게 잔소리를 퍼부었다.

'아유, 정신을 바짝 차리고 들었어야지. 둘이 무슨 얘기를 한 걸까?'

아테나가 정색을 하고 소리쳤다.

"날 티니라고 부르지 마! 그건 우리 아빠만 부를 수 있는 이름이야."

아레스는 두 손을 치켜들며 투덜거렸다.

"아, 알았어. 미안해!"

"제발 그냥 좀 가 버려."

아테나가 휙 돌아서자 아레스는 한숨을 푹 쉬었다.

"그래, 갈게. 대신 내가 부탁한 거 잘 생각해 봐. 알았지, 아테나?"

아레스가 아테나 쪽으로 다정하게 몸을 숙이자 아테나는 얼른 몸을 뒤로 빼며 피해 버렸다. 아레스는 인상을 팍 쓰며 말했다.

"좋아, 하지만 내가 포기할 거라고는 생각하지 마."

아레스가 떠나자 아테나는 자리에 철퍼덕 주저앉아서 흑흑 흐느끼기 시작했다. 아프로디테는 아테나의 반응에 너무 놀라서 충격을 받았다. 지금까지 아테나는 우는 모습을 보인 적이 없었다. 아프로디테의 질투심은 아테나의 눈물에 쓸려 순식간에 사라져 버렸다. 아프로디테는 날개를 파닥이며 나무에서 내려와 여신으로 변신했다.

"어머나, 너 어디서 온 거야?"

아테나는 벌떡 일어나며 손등으로 얼른 눈물을 문질러 닦았다. 아프로디테가 뒤쪽 나무를 가리키자 아테나의 얼굴이 시뻘겋게 물들었다.

"아프로디테, 너 날 몰래 감시했던 거니?"

"아냐. 그런 게 아니라 난……."

하지만 아프로디테가 뭐라고 해명할 틈도 없이 아테나가 꺼이꺼이 목 놓아 울기 시작했다.

"다 네가 꾸민 거지? 아레스랑 둘이서 꿍꿍이를 벌인 거 아냐? 난 네가 친구라고 생각했는데 넌……."

아테나는 머리를 설레설레 흔들며 뒤로 물러났다. 그러고는 휙 돌아서서 과수원 밖으로 뛰어가 버렸다.

아프로디테는 멍하니 아테나의 뒷모습만 바라보았다. 기분

도 나쁘지만 혼란스럽기 짝이 없었다.

'뭘 꾸몄다는 거지? 꿍꿍이는 또 무슨 소리야?'

아테나가 무슨 소리를 하는 건지 아프로디테는 도통 알 수가 없었다.

말다툼

　아프로디테는 아테나를 뒤쫓아 학교 뜰을 헐레벌떡 뛰어갔다. 뜰을 반쯤 지났을 때 아이들 틈에서 파마의 주황색 뾰족 머리가 보였다. 아프로디테는 몰래 지나가려고 몸을 바짝 숙였다. 그러나 불행히도 파마는 벌써 아프로디테를 알아보고서 그쪽으로 달려오고 있었다.

　"조금 전에 아테나를 봤거든."

　파마가 말할 때마다 입에서 연기가 풍풍 솟아오르며 글자를 만들었다.

　"뭐 때문인지 엄청나게 화난 것 같더라. 혹시 넌 무슨 일인지 아니?"

"전혀 모르겠는데."

아프로디테는 거짓말을 했다. 파마에게 새 소문거리를 집어 줄 수는 없었다.

"나중에 보자. 숙제하러 가야 하거든."

아프로디테는 손을 한 번 흔들고서 다시 앞으로 달려갔다.

"어, 아프로디테, 기다려!"

파마는 학교 현관 계단 아래에서 아프로디테를 따라잡고는 손목을 붙들었다. 순간 헤파이스토스의 선물이 햇빛에 눈부시게 빛났다.

"어머나, 이 멋진 팔찌는 어디서 난 거야?"

아프로디테는 얼른 팔을 빼서 등 뒤로 감추고는 얼버무렸다.

"친구한테 선물 받았어."

파마는 구미가 당긴다는 듯이 오렌지색 립글로스를 바른 입술을 핥았다.

"친구라기보다는 널 짝사랑하는 애한테서 받았겠지. 그 남자애 이름이 뭐야?"

아프로디테는 퉁명스럽게 대답했다.

"알려 들지 마."

그러자 파마가 고개를 갸웃하더니 말했다.

"뭐 그럼 내 나름대로 결론을 내리는 수밖에."

"어차피 넌 늘 그러잖아."

아프로디테는 한마디 쏘아붙이고서 뒤로 돌아 다시 학교 계단을 달려 올라갔다. 그러나 막상 아테나의 방 앞에 도착하자 망설여졌다.

'음, 아테나한테 진정할 시간을 줘야 하는 거 아닐까?'

아프로디테는 일단 자기 방으로 돌아갔다. 그랬더니 침대에 아테나에게 빌려 주었던 청록색 키톤이 둘둘 말린 채 놓여 있었다. 아마 아테나가 기숙사에 돌아오자마자 가져다 놓은 모양이었다.

아프로디테는 키톤을 펼쳐 들었다가 주름이 쭈글쭈글 잡힌 걸 보고 짜증이 확 치밀었다. 주름을 펴려는데 이번에는 겨드랑이쪽이 약간 찢어져 있고, 아랫단에 희미하게 얼룩이 묻은 게 보였다.

'최소한 돌려주기 전에 세탁은 해야 하는 거 아닌가?'

갑자기 아프로디테는 아테나를 안타깝게 여기던 마음이 싹 사라졌다. 대신 키톤을 획 잡아채서 복도를 뚜벅뚜벅 지나 아테나의 방문을 쾅쾅 두드렸다. 그러고는 대답을 기다리지도 않고 방문을 휙 열었다.

아테나는 혼자 책상에 앉아 파란색 미모학 교과서 두루마리를 펼쳐 놓고 있었다.

"이미 문도 열었으면서 뭐 하고 있니? 어서 들어오기나 해."

아테나가 툴툴거렸다. 그러자 아프로디테는 아테나 앞에 키톤을 흔들면서 아랫단 근처의 얼룩을 가리켜 보였다.

"이것 봐! 네가 망가뜨려 놨잖아!"

아테나는 눈을 굴리며 대답했다.

"세탁하면 없어지잖아."

"그래?"

아프로디테가 인상을 팍 썼다. 아테나는 남의 물건을 어찌 다루는지 별 상관하지 않는 게 분명했다.

"그럼 이건? 이건 없어지지도 않아!"

아프로디테는 겨드랑이 쪽의 찢어진 곳을 가리켰다.

아테나는 구멍을 찾느라 눈을 찡그리고 자세히 봐야 했다.

"미안해. 하지만 구멍이 너무 작아서 못 봤어. 다른 애들도 못 알아볼 거야."

"하지만 내가 알잖아!"

아프로디테가 소리를 질렀다. 이제 그 옷을 입을 때마다 누가 찢어진 구멍을 알아볼까 봐 걱정해야 할 판국이었다.

"미안하다고 했잖아."

아테나가 인상을 찌푸렸다.

"내가 옷을 망가뜨릴까 봐 그렇게 신경이 쓰였으면 애초에 빌려 주지 말지 그랬니. 쫙 빼입고 파티에 가자는 건 내 생각도 아니었거든!"

"어머, 그래?"

아프로디테는 화가 나서 씩씩거렸다.

"일단 가고 나서부터는 남자애들이 네 말 한마디 한마디에 귀를 기울이니까 너도 좋아하던걸?"

그 말에 아테나가 충격을 받은 듯 눈을 끔벅거렸다.

"아프로디테, 너 지금 질투하는 거야? 나한테? 난 남학생들이 너한테 잘 보이려고 법석 떠는 걸 네가 싫어하는 줄 알았어."

"지금 그게 중요한 게 아니잖아!"

딱 잘라 말하기는 했어도 아프로디테는 내심 혼란스러웠다.

"그럼 뭐가 중요한데?"

아테나가 몸을 젖혀 의자 등받이에 기대며 물었다.

"나, 나도 몰라!"

갑자기 아프로디테의 마음에서 싸우려는 투지가 쑥 빠져나

갔다. 아프로디테는 맥없이 아테나의 책상에 기댔다. 사실 아프로디테는 키톤이야 어떻든 상관이 없었다. 옷이라면 열 벌도 더 있었다.

'아테나의 말이 맞아. 난 질투하고 있는 거야. 그리고 이제 그만 일을 바로잡아야 할 때가 됐어.'

아프로디테는 깊이 심호흡을 한 번 했다.

"아테나, 있잖아. 아까 올리브 과수원에서 내가 한 말은 사실이야. 난 널 미행하지 않았어. 네가 오기 전부터 어떤 애랑 거기 있었으니까."

아테나는 놀란 듯 눈이 커져서 물었다.

"헤파이스토스였니?"

아프로디테는 고개를 끄덕였다.

"아레스가 오는 소리가 들리기에 내가 헤파이스토스를 쫓아냈어. 아레스랑 있고 싶었거든. 그런데 네가 아레스랑 같이 오기에 숨었어. 몰래 감시하려고 한 게 아니야. 그냥 일이 그렇게 되어 버렸어."

"아프로디테, 너도 알잖아. 아레스는 날 좋아하는 게 아니야."

아테나가 담담하게 말을 이었다.

"아레스는 한 번도 날 좋아한 적 없어. 네 말대로 어느 소년 신이 나한테 법석을 떤다고 해서 그 애가 날 사랑한다는 뜻은 아니잖아."

아프로디테는 눈만 껌벅였다. 실제로 그건 아프로디테가 했던 말이었다. 하지만 그 말이 늘 옳은 건 아니었다.

"아테나, 무슨 소리를 하는 거야? 아레스는 파티 이후부터 내내 날 무시하고 있어. 너하고만 이야기하고 싶어 한단 말이야!"

아테나는 고개를 설레설레 저었다.

"아레스는 나한테 전혀 관심이 없어. 아테네에 대한 이야기를 듣고서 자기 이름도 인간들의 도시에 붙여 달라고 아빠한테 대신 부탁해 달라는 거였어."

아테나는 잠시 말이 없다가 다시 입을 열었다.

"난 정말 네가 아는 줄 알았어. 난 아레스가 너한테 자기 소원을 이야기해서, 둘이 계획을 짠 거라고 생각했거든. 아레스가 원하는 걸 나한테 시키려고 말이야."

아프로디테는 헉하고 숨을 몰아쉬었다.

"난 절대로 너한테 그런 짓 하지 않아. 그리고 그걸 부탁이랍시고! 참 아레스다운 짓이다!"

이제 다시 생각해 보니 아레스가 아테나에게 자기도 자신의 이름을 딴 도시가 있으면 좋겠다는 말을 한 기억이 났다.

'흠, 이런. 아레스는 아테나한테 잘해 준 게 아니잖아? 나한테도 잘해 주지 않았어. 하긴 그러고 보면 난 뭐 헤파이스토스에게 잘해 줬나?'

아프로디테는 양심이 찔렸다. 각자 방식은 달랐지만 아프로디테도 아레스도 못되게 굴기는 마찬가지였다.

'왜 소년 신과 소녀 신의 관계는 이렇게 복잡한 걸까?'

아테나가 생각에 잠긴 채 말을 꺼냈다.

"아프로디테, 있잖아. 난 꽃단장 프로젝트 전에도 완벽하게 행복했어. 그리고 난 남자 친구 사귀는 데 별 흥미가 없어. 적어도 지금은 그래. 내가 꽃단장 프로젝트에 동의한 건 미모학에 도움이 될 만한 걸 배울 수 있을까 해서였어."

아테나는 고개를 푹 숙이고 무릎만 쳐다봤다.

"나, 미모학에서는 성적이 아주 잘 나오는 편이 아니거든."

"정말?"

아프로디테는 아테나의 어깨에 손을 얹고 다독여 주었다. 아테나가 금방이라도 울 것 같았기 때문이었다.

아테나가 불쑥 말을 내뱉었다.

"미모학 숙제에 B$^+$ 점수를 받았단 말이야!"

아프로디테는 어떻게 받아들여야 할지 몰라 되물었다.

"그게 나쁜 거야?"

"장난하니? 난 B$^+$는 난생처음 받아 봐!"

아테나의 목소리는 정말로 절망적이었다.

"지금까지 A$^-$ 밑으로는 받아 본 적이 없었는데!"

"아……."

아프로디테는 깜짝 놀랐다. 그러고 보니 요즘 아테나는 시간만 나면 파란색 미모학 교과서를 꺼내들고 있었고, 여러 가지 화장품, 옷, 머리 모양에 대해 물었다. 아프로디테는 미모학에 타고난 재능이 있었다. 입학한 이후로 지금까지 매 학기마다 아프로디테는 미모학에서 최우수 점수를 받았다. 그래서 자기만큼 그 과목에 정통하지 않은 사람에게는 미모학이 상당히 어려울 수 있다는 생각을 한 번도 해 본 적이 없었다.

"내가 숙제 좀 도와줄까?"

"정말?"

아테나는 아프로디테의 제안을 무척 반겼다.

"그럼, 친구 뒀다가 뭐 하니?"

아테나는 아프로디테를 향해 빙그레 웃었다.

"고마워. 키톤 망가뜨린 건 미안해. 새것으로 하나 사 줄게."

"어휴, 아냐. 이 옷 너 가져."

아프로디테가 손사래를 치며 말했다.

"난 다 입지도 못할 정도로 옷이 많잖아. 게다가 아레스가 적어도 한 가지는 옳았어. 이 키톤은 나보다 너한테 더 잘 어울려."

그때 아프로디테의 팔목에서 팔찌를 본 아테나가 탄성을 터뜨렸다.

"어머나! 진짜 멋있다! 어디서 났어?"

아프로디테는 팔찌에 새겨진 장미 봉오리를 손가락으로 쓰다듬고서 솔직히 털어놓았다.

"헤파이스토스가 줬어. 하지만 처음부터 받으면 안 되는 선물이었어. 그래서 돌려줄 작정이야."

"그래도 정말 예쁘잖아."

아테나가 아프로디테를 말렸다.

"그래. 하지만 이걸 받는 건 잘못된 행동일 거야. 헤파이스토스는 내가 자기 여자 친구가 되었으면 해서 나한테 이걸 준 걸 테니까."

아테나는 너무나 헷갈린다는 듯이 이맛살을 찌푸렸다.

"그럼 남자애가 선물을 주면, 여자애는 그 남자애를 친구 이상으로 좋아해야 하는 거야?"

"꼭 그런 건 아니지."

아프로디테는 은근히 즐거워졌다.

'나도 때로는 남자 여자 사이의 애정 문제 때문에 당황할 때가 있지만, 아테나는 진짜 나보다 훨씬 더 모르네!'

"그건 남자애가 누구냐, 그리고 선물이 어떤 거냐에 따라 달라."

아테나는 정말 아깝다는 눈으로 팔찌를 바라보았다.

"흠, 나라면 갖고 싶을 것 같아. 아니, 인간이든 신이든 여자라면 누구라도 갖고 싶어 할 거야."

그 말에 갑자기 아프로디테의 머릿속에서 뭔가 번쩍하고 떠올랐다.

"그거야! 히포메네스가 경기에서 이기도록 도울 방법이 생각났어!"

9 달리기 경기

"아, 아탈란테. 나도 이름을 들어 봤어."

아테나가 말했다. 지금 막 아프로디테는 히포메네스와 아탈란테의 사연이랑 조금 전에 떠올린 둘을 도와줄 방법에 대해 아테나에게 들려준 참이었다.

"아탈란테가 대단한 달리기 선수라고 학교에 소문이 자자하거든."

아테나는 잠시 말이 없었다.

"아프로디테, 아탈란테가 히포메네스와 결혼하고 싶어 하는 게 확실해?"

아프로디테는 아탈란테의 눈물을 떠올렸다.

"확실해."

그러자 아테나가 물었다.

"그런데 내일까지 황금으로 만든 사과를 어디서 구할 거야? 이 부근에서는 본 적이 없는데."

아프로디테는 활짝 웃으며 대답했다.

"헤파이스토스에게 도와달라고 할 거야."

얼마 후, 아프로디테는 식당에서 막 밖으로 나가려는 헤파이스토스를 찾아냈다.

"헤파이스토스, 기다려!"

아프로디테가 소리쳤다. 아까 과수원에서 그렇게 무례하게 굴었는데도 헤파이스토스는 여전히 아프로디테를 보자 활짝 웃으며 문가에서 기다려 주었다. 헤파이스토스 앞에 서자 아프로디테는 손목에서 황금 팔찌를 풀었다.

"생각해 봤는데 이건 내가 가지면 안 될 거 같아."

아프로디테는 변명하듯이 덧붙였다.

"빌려 줘서 고마워."

헤파이스토스는 잔뜩 실망한 얼굴로 팔찌를 받아들었다. 아프로디테는 헤파이스토스가 상한 기분을 애써 감추고 있다는 걸 알 수 있었다.

"그래, 그렇게 해."

아프로디테는 너무나 속이 상했다. 하지만 헤파이스토스에게 가슴이 설레지 않는 게 아프로디테의 잘못은 아니었다. 아프로디테는 혹시나 헤파이스토스의 기운을 북돋아 줄 수 있을까 해서 환하게 웃으며 말했다.

"정말 아름다운 팔찌야. 진짜 포기하고 싶지 않았다니까. 네가 잘 간직하고 있다가 나중에 결혼할 여자에게 줘."

아프로디테는 식당 바깥 복도에 놓인 의자에 앉더니 헤파이스토스에게도 앉으라는 시늉을 했다.

헤파이스토스가 부드럽게 대답했다.

"난 그전에 여자 친구가 이걸 차 주었으면 했어."

아프로디테는 침을 꼴깍 삼켰다.

'불쌍한 헤파이스토스. 내가 아는 신 중에서 아마 네가 가장 상냥할 거야.'

아프로디테는 헤파이스토스에게 위로의 말을 건넸다.

"걱정 마. 네게 딱 맞는 여신이 금방 나타날 거야."

아프로디테는 그 말이 사실이 되기를 간절히 바랐다. 그러자 문득 떠오르는 생각이 있었다.

'내가 헤파이스토스를 도와주면 되잖아. 딱 맞는 여자 친구

를 찾아 주는 거야. 하지만 일단은 급한 불부터 꺼야 해.'

아프로디테는 이야기 주제를 바꾸었다.

"내일이면 히포메네스가 달리기 경기를 해. 뭐든지 네 도움이 필요하면 말하라고 했잖아."

아프로디테는 잠시 망설이다가 물었다.

"그 제안 아직도 유효한 거야?"

"당연하지."

헤파이스토스가 선뜻 대답하자 아프로디테는 자기 계획을 들려주었다.

"이야, 기가 막힌 생각이야. 사과를 몇 개 정도 만들까?"

"세 개면 먹힐 거야. 뭐, 정확하게 말하자면, 그러기를 바란다는 거지."

헤파이스토스는 고개를 끄덕이더니 의자에서 일어났다.

"지금 당장 시작할게. 그럼 내일 이른 아침까지 완성할 수 있을 거야."

"고마워."

아프로디테는 일어나서 헤파이스토스를 꼭 끌어안았다.

"넌 정말 진정한 친구야."

헤파이스토스는 얼굴이 발그스름해져서 빙긋 웃었다.

"난 이걸로도 충분해."

아프로디테도 헤파이스토스를 향해 생긋 웃었다.

'네게 어울리는 여신을 꼭 찾아 줄게.'

그날 저녁 아프로디테는 다시 아테나의 방으로 가서 미모학 숙제를 도와주었다. 둘은 곱게 간 아몬드와 귀리, 요구르트, 으깨어 말린 라벤더를 써서 아주 상쾌한 각질 제거용 팩을 만들었다. 각자 완성품을 얼굴과 목에 발랐을 때 아르테미스와 페르세포네가 방으로 놀러 왔다.

"오, 신이시여!"

아테나가 문을 열자 페르세포네가 비명을 질렀다. 페르세포네의 창백한 얼굴이 평소보다 더 하얗게 질렸다.

"아테나, 어떻게 된 거니? 얼굴이 왜 그래?"

아프로디테도 문간으로 다가서자 아르테미스가 "푸핫" 하고 웃음을 터뜨렸다.

"하하, 아무래도 의사를 불러와야 할 것 같아. 아테나가 어떤 병에 걸렸는지는 모르겠지만 전염성이 있나 본데."

"이거 얼굴용 팩이야, 발라 볼래? 느낌이 아주 좋아."

아테나가 설명했다.

잠시 후 네 여신은 모두 얼굴에 걸쭉한 팩을 덕지덕지 바르고 있었다. 아르테미스가 말했다.

"어휴, 개들을 방에 두고 오길 잘했지. 여기 데려왔으면 팩의 냄새가 너무 좋아서 핥으려고 아주 난리를 쳤을 거야."

네 여신은 부드러운 천으로 얼굴을 문지른 다음, 20분을 기다렸다가 팩을 씻어 내려 복도 끝에 있는 욕실로 향했다.

다시 아테나의 방에 돌아왔을 때 아프로디테는 페르세포네와 아르테미스에게도 히포메네스의 사연을 들려주었다.

"내일 경기장에 너희도 같이 가지 않을래? 경기가 아침 일찍 열리니까 수업이 시작되기 전에 돌아올 수 있을 거야."

아프로디테가 이야기를 죽 들려주는 동안 아테나는 책상에 앉아 각질 제거용 팩 만드는 방법을 메모하고 있었다. 아테나가 고개를 들더니 대답했다.

"기꺼이 갈게."

"나도."

페르세포네의 대답이 이어지자 아르테미스가 거들었다.

"그런 일에 빠질 수는 없지. 개들도 데리고 갈게."

히포메네스는 눈이 휘둥그레졌다. 이른 새벽, 인적 없는 경기장에 여신이 한꺼번에 넷이나 나타났기 때문이었다. 아프로디테는 친구들에게 히포메네스를 소개했다.

사냥개들이 반갑다는 듯이 너도나도 히포메네스를 향해 뛰어오르자 아르테미스는 고함을 질러서 말려야 했다.

"앉아!"

"괜찮습니다."

히포메네스가 앰비의 턱을 긁어 주며 말했다.

"이미 한 번 만난 적이 있으니 오랜 친구나 다름없어요."

아프로디테는 가방에서 헤파이스토스가 만든 황금 사과 셋을 꺼냈다. 헤파이스토스에게도 같이 오자고 권했지만 헤파이스토스는 사과를 만드느라 밤늦게까지 일한 데다 1교시 전에 마무리해야 할 숙제가 있다고 했다.

황금 사과는 동그란 모양도 완벽할 뿐 아니라 매끄러운 표면이 눈부시게 반짝였다. 헤파이스토스가 대장장이로서 가진 모든 기술을 동원해서 만들어 준 덕분  이었다. 팔찌와 마찬가지로 황금 사과도 너무 유혹적이어서 아프로디테는 자기가 가졌으면 하고 바랄 정도였다. 하지만 잠시 망설인 후, 아프로디테는 히포메네스의 두 손에 사과를 올려주었다.

히포메네스가 물었다.

"이걸로 뭘 하면 되나요?"

"경기 때 몸에 지니고 있도록 해요. 적당한 때가 되면 어떻게 써야 할지 알게 될 거예요."

아프로디테는 그 이상은 알려 주지 않을 작정이었다. 히포메네스도 그 정도 수수께끼는 스스로 풀 정도의 지혜는 있어야 한다고 생각했기 때문이었다.

"오, 위대하고 아름다운 여신이시여. 정말 감사합니다."

히포메네스는 깊이 허리 숙여 절을 했다.

"여신님의 도움을 받을 자격이 있는 사람이란 걸 증명해 보이도록 하겠습니다."

경기를 보기 위해서 사람들이 점차 몰려들고 있었다. 아프로디테와 친구들도 인파 속에 끼어들었다. 잠시 후 금발의 아탈란테가 아버지 이아소스 왕과 함께 나타났다.

이윽고 아탈란테가 아버지의 곁을 떠나 히포메네스와 함께 출발선에 섰다. 아탈란테는 히포메네스를 슬픔이 가득한 눈으로 그윽이 바라보더니 출발 자세를 취하고서 신호를 기다렸다.

빰빠밤. 트럼펫 소리가 울려 퍼지자 히포메네스와 아탈란테는 앞으로 달려 나갔다.

"히포메네스, 파이팅!"

아프로디테와 친구들은 목청 높여 히포메네스를 응원했다.

처음에는 히포메네스도 밀리지 않고 아탈란테와 나란히 달렸다. 그러나 얼마 지나지 않아 아탈란테가 치고 나가기 시작하더니 달리는 전차처럼 점점 더 속력을 높였다.

"히포메네스, 더 빨리!"

네 여신이 소리를 질렀다. 모여든 군중도 한목소리로 히포메

네스를 응원했다.

아프로디테는 두 손을 맞잡고서 히포메네스가 황금 사과를 떠올리길 간절히 염원했다. 그 순간 아탈란테가 어깨 너머를 힐

끗 쳐다보며 히포메네스의 속도를 확인했다. 뒤를 보느라 아탈란테의 속력이 약간 늦어지자, 순간 어떤 생각이 떠오른 듯 히포메네스의 얼굴이 확 밝아졌다. 히포메네스는 가슴에 두른 띠 안에 손을 넣더니 첫 번째 사과를 꺼내어 힘껏 던졌다. 황금 사과가 씽 하고 허공을 지나 아탈란테 앞에 툭 떨어졌다.

아니나 다를까 아탈란테는 황금 사과의 눈부신 광채에 관심이 쏠려 멈칫거렸다. 아탈란테가 허리를 굽혀 사과를 줍는 사이 히포메네스가 곁을 쏜살같이 지나갔다.

"와아!"

관중들이 환성을 질렀다. 아프로디테와 친구들은 좋아서 하늘로 두 손을 번쩍 쳐들었다.

"잘했어, 히포메네스!"

아프로디테가 소리쳤다.

아탈란테는 첫 번째 사과를 호주머니에 넣더니 다시 내달리기 시작해서 금방 히포메네스를 따라잡았다. 아탈란테가 앞서 가기 시작하자 히포메네스는 다시 가슴 띠에 손을 넣더니 두 번째 사과를 꺼내어 힘껏 던졌다. 아침 햇살을 받아 번쩍번쩍 빛나는 사과가 아탈란테의 발 앞에 떨어지더니 경주로 가장자리로 데굴데굴 굴러갔다. 아탈란테가 사과를 주우러 그쪽으로 달려가자 히포메네스가 다시 아탈란테를 앞질렀다.

이제 히포메네스는 결승선을 향해 다가가고 있었다. 그러나 아탈란테가 다시 히포메네스를 따라잡더니 굉장한 속력으로 앞질러 가기 시작했다.

"안 돼!"

아프로디테는 저도 모르게 비명을 질렀다.

불쌍한 히포메네스는 가슴을 들썩이며 숨을 헐떡이고 있었다. 그러나 히포메네스는 있는 힘을 모두 그러모아 마지막 사과를 던졌다. 황금 사과는 아탈란테의 발치에 떨어지더니 옆으로 탕탕 튀어갔다. 아탈란테는 사과를 가지고 싶은 마음을 이기지 못해 방향을 틀고서 그쪽으로 달려갔다. 아탈란테가 허리를 숙인 사이 히포메네스가 비틀거리며 결승선에 들어섰다.

"우와아!"

관중들이 일제히 소리를 질렀다. 네 여신도 주위의 인간들과 함께 펄쩍펄쩍 뛰고 서로 얼싸안으며 좋아서 어쩔 줄을 몰랐다. 히포메네스는 경주로 옆에 마련된 작은 단상으로 다가가며 아프로디테에게 손을 흔들어 고마움을 표했다. 아프로디테도 방긋 웃으며 손을 흔들어 주었다.

시녀가 히포메네스의 머리에 화환을 씌워 주자 아탈란테가 히포메네스의 곁으로 다가갔다. 아탈란테는 활짝 웃으며 황금 사과를 들어 올려 모두에게 보여 주고는 큰 목소리로 외쳤다.

"히포메네스가 이겼어요. 전 이제 기꺼이 달리기 경기를 그만두겠어요. 저를 이긴 사람이 바로 히포메네스라서 저는 정말로 기뻐요."

그러자 히포메네스는 아탈란테를 사랑스러운 듯이 바라보며 말했다.

"아탈란테, 내가 진정한 승자가 되는 길은 하나뿐이에요. 그건 바로 내가 당신의 마음을 얻었다고 당신이 속삭여 줄 때만

가능하답니다."

아탈란테의 얼굴이 발갛게 물들었다.

"당신은 내 마음을 얻었어요."

아프로디테와 친구들은 안도의 한숨을 폭 쉬었다.

"아, 정말 낭만적이야."

아프로디테는 황금 사과처럼 눈을 반짝이며 아탈란테가 히포메네스의 손을 잡는 모습을 지켜보았다. 아탈란테와 히포메네스가 이아소스 왕에게 다가가자, 이아소스 왕은 곧바로 둘의 결혼을 축복해 주었다.

'젊은 연인이 맺어지도록 한몫 거드니 정말 기분 좋은 걸!'

아프로디테가 한참 행복해하는데 아테나가 소리쳤다.

"얘들아! 우리 서두르지 않으면 지각할 거야!"

다행히 아프로디테와 친구들은 날개 달린 샌들을 신고 있었다. 넷은 얼른 발꿈치의 은색 날개에서 끈을 풀었다. 이내 끈이 발목을 감싸고 샌들의 날개가 파닥이자 아르테미스의 사냥개들도 달리기 시작했다. 네 여신은 산비탈을 달려 올림포스 산 꼭대기의 구름 속으로 사라졌다.

10 천생연분

　그날 오후 아프로디테는 헤파이스토스에게 자기 친구들과 함께 간식을 먹자고 학생 식당으로 초대했다. 암브로시아 셰이크를 마시면서 네 여신은 헤파이스토스에게 경기에서 있었던 일을 서로 번갈아 가며 자세히 들려주었다.

　아탈란테가 첫 번째 황금 사과를 보았을 때 얼마나 황홀해했는지 페르세포네가 열심히 알려 주는 동안, 아프로디테는 근처에 앉은 갈색 곱슬머리 여신이 이쪽을 가만히 바라보고 있다는 걸 알아차렸다. 그 여신은 예쁜 두 눈을 헤파이스토스에게 고정한 채 꿈꾸는 듯한 표정을 짓고 있었다. 아프로디테는 추종자들의 얼굴에서 같은 표정을 자주 보았던 터라 그 표정의 의미를 잘 알고 있었다. 갈색 머리 여신은 헤파이스토스를 넋 놓고 바라보다가 아프로디테의 시선을 느끼자 얼른 고개를 돌렸다.

"헤파이스토스, 너 저기 저 여신이 누군지 아니?"

아프로디테가 갈색 머리 여신 쪽으로 고갯짓을 하며 불쑥 물었다. 그러자 헤파이스토스는 그쪽을 한 번 힐끗 쳐다보고서 대답했다.

"응. 새로 온 전학생이야. 이름은 아글라이아인데 나랑 야수학 수업을 같이 들어."

"흠, 이거 흥미로운데. 저 아이 조금 전에 널 쳐다보고 있었어."

헤파이스토스는 그러냐는 듯이 어깨를 한 번 으쓱하고서 다시 페르세포네 쪽으로 고개를 돌렸다.

"그래서 히포메네스가 어떻게 했어?"

헤파이스토스가 그런 반응을 보이자 아프로디테는 속으로 생각했다.

'정말이지 남자애들은 때때로 진짜 멍청하게 군다니까.'

"잠깐만."

아프로디테가 다시 끼어들었다.

"저 아글라이아라는 애, 널 그냥 쳐다보고 있었던 게 아니라

널 좋아하는 것처럼 쳐다봤다니까."

그러자 아르테미스, 페르세포네, 아테나가 킥킥 웃음을 터뜨렸다. 헤파이스토스는 얼굴이 벌게지더니 이번에는 좀 더 관심을 가지고 아글라이아를 다시 쳐다보았다. 식당 맞은편에서 아글라이아가 헤파이스토스와 눈을 마주치자 볼을 발갛게 물들이며 수줍게 웃어 보였다.

아프로디테가 헤파이스토스를 팔꿈치로 쿡 찔렀다.

"가서 말이라도 걸어 봐. 아니, 네가 괜찮다면 우리가 가서 그 애를 이리로 데리고 올게. 네가 만든 황금 사과가 얼마나 대단한 활약을 했는지 들으면 아주 재미있어 할 거야."

헤파이스토스의 눈이 장난스럽게 반짝 빛났다.

"지금 나랑 저 애랑 엮어 주려는 거야?"

비록 헤파이스토스가 아프로디테의 이상형은 아니었지만, 빛나는 두 눈동자에는 뭔가 형언할 수 없는 매력이 있었다.

'속마음이 아름다우니까 저런 빛이 나는 거야.'

아프로디테는 활짝 웃으며 대답했다.

"그럼, 당연히 맺어 주려는 거지. 난 사랑의 여신이잖아. 그게 내 일이라고."

헤파이스토스가 대답했다.

"맞아, 그랬지."

네 여신은 기대에 가득 찬 얼굴로 헤파이스토스를 빤히 바라보았다.

"알았어."

헤파이스토스가 마침내 대답했다.

"가서 말을 걸어 볼게."

헤파이스토스는 휴우 하고 심호흡을 한 번 하더니 일어섰다. 그리고는 몸의 중심을 옮겨 은지팡이에 몸을 기댔다.

"자, 가 볼까?"

"잠깐만!"

아프로디테는 돌연히 헤파이스토스에게 달려가 볼에 살짝 입을 맞춰 주었다. 헤파이스토스는 얼떨떨해하면서도 기쁜 듯이 볼에 손을 갖다 댔다.

"이건 뭘 위한 거야?"

"널 위한 거야. 넌 겉모습도 속마음도 모두 아름다운 아이니까. 자, 이제 가 봐."

아프로디테가 손으로 쫓아내는 시늉을 하자 친구들은 또 킥킥거렸다.

헤파이스토스는 한층 자신감 있는 표정으로 아글라이아를

향해 걸어갔다. 아프로디테의 입맞춤을 목격한 후라 아글라이아는 살짝 인상을 찌푸리고 있었다.

'상관없어.'

아프로디테는 생각했다. 올림포스 학교에서 가장 예쁘고 인기 많은 여신의 입맞춤을 받은 게 모르긴 해도 헤파이스토스에게 손해가 될 리는 없었다.

잠시 후, 한 무리의 소년 신이 식당으로 우르르 몰려들어왔다. 무리 중에 아레스도 섞여 있었다. 그러나 이번에는 아레스

를 보아도 아프로디테의 마음이 예전처럼 콩닥콩닥 떨리지 않았다.

'아레스가 잘생기기는 했지. 하지만 더 중요한 자질이 부족한 것 같아. 헤파이스토스와 히포메네스에게서 볼 수 있었던 친절함이나 믿음직스러운 태도나 너그러움 같은 면들 말이야.'

네 여신이 모여 있는 쪽을 흘긋 보더니 아레스는 친구들과 헤어지고서 으스대듯 걸어왔다.

"어이, 티니, 안녕."

아레스는 나머지 셋은 깡그리 무시한 채 아테나에게만 말을 걸었다.

"전에 이야기 나누었던 그거 말이야. 좀 더 생각해 봤어?"

아테나가 싸늘하게 대답했다.

"아니, 전혀. 난 마음 바꿀 생각 없어."

그러자 아레스는 애원하기 시작했다.

"어이, 티니. 그러지 마."

보다 못한 아프로디테가 나섰다.

"아레스, 누가 말을 하면 좀 들어. '티니'라고 부르지 말라고 아테나가 분명히 말했잖아."

아레스가 고개를 휙 돌리더니 얼굴에 비웃음을 걸었다.

"뭐가 어쨌다고, 뽀글이?"

"너 지금 뭐라 그랬어?"

아르테미스가 사납게 쏘아붙였다. 탁자 밑에 있던 개들도 으르렁거리기 시작했다.

페르세포네가 아레스를 향해 인상을 쓰며 말했다.

"좋은 말로 할 때 그냥 가."

그러자 아프로디테가 말했다.

"얘들아, 괜찮아. 저 앤 보나마나 별생각 없이 그랬을 거야."

아레스가 아프로디테의 말을 자르려 들었다.

"무슨 소리야, 난……."

"늘 아무 생각 없지."

아프로디테가 말을 맺자 친구들은 까르르 웃음을 터뜨렸다. 아레스는 버럭 성질을 내더니만 팩 돌아서서 걸어가 버렸다.

아테나는 아레스의 뒷모습을 보며 인상을 찌푸렸다.

"아레스랑 메두사랑 둘이 어쩜 그리 비슷한지 몰라."

그러자 페르세포네가 맞장구를 쳤다.

"맞아. 둘 다 남 괴롭히는 재미로 살잖아."

아르테미스도 거들었다.

"말이 나왔으니 하는 말인데, 그 둘이야말로 천생연분 아니니?"

"그래!"

아프로디테가 소리쳤다. 아프로디테는 눈을 반짝반짝 빛내며 친구들에게 말했다.

"이번 주 내내 이런저런 소문이 많았잖아. 우리도 소문 하나 내 볼까?"

잠시 후 네 여신은 아프로디테의 방에 다시 모였다. 아프로디테는 아테나에게 빨간 깃털 펜과 분홍색 파피루스 한 장을 건네주었다.

"무슨 색깔 장미로 할까?"

아테나가 묻자 페르세포네가 냉큼 대답했다.

"빨강."

아프로디테는 느긋하게 고개를 끄덕였다.

"당연히 빨간색이지."

"오우, 그거야말로 사랑의 꽃 아냐?"

아르테미스가 장난스럽게 빈정거렸다.

아테나는 얼른 헤르메스 꽃 배달 서비스에 보내는 주문서를 작성했다. 그런 다음 파피루스를 돌돌 말아서 리본을 묶었다. 아테나가 편지 배달 주문을 외우자 아프로디테의 책상에서 파피루스 두루마리가 동동 떠오르더니 창밖으로 휙 날아갔다.

"잠깐!"

아프로디테가 소리쳤다. 그러나 이미 주문의 효과가 시작되었기 때문에 파피루스 두루마리는 그대로 유리창에 탕 부딪히고 말았다. 쫙 찌부러진 두루마리가 빙글빙글 돌며 바닥에 떨어졌다.

"미안해. 창문 여는 걸 잊었어."

아프로디테가 사과하며 창을 열자 두루마리가 다시 천천히 떠올랐다. 그러고는 품위를 갖추려는 듯 주름을 펴고서 창턱으로 뛰어오르더니 바람을 타고서 훨훨 날아갔다.

11
붉은 장미

 다음 날 오후 수업이 끝나자 아프로디테와 친구들은 기숙사로 올라가는 대리석 계단 근처에서 어슬렁거리며 아레스가 나타나기를 기다렸다. 늘 그렇듯이 아레스는 덩치가 우람한 퀴도이모스와 인상을 잔뜩 찌푸린 마카이를 경호원처럼 거느리고 나타났다. 네 여신이 다가가자 아레스는 도끼눈을 하고 노려보았다. 그러나 아프로디테는 상관하지 않고 사랑스러운 미소를 지어 보였다.
 "안녕, 아레스."
 아프로디테는 아테나 쪽으로 돌아섰다.
 "아테나, 본인한테 물어봐. 아레스가 너한테 빨간 장미 꽃다발을 보냈다면서.”

그 말에 퀴도이모스는 깜짝 놀란 얼굴로 아레스를 멍하니 쳐다보고, 마카이는 기가 찬다는 듯이 눈썹을 치켜들었다. 무안해진 아레스가 식식거리며 쏘아붙였다.

“장미라니, 무슨 소리야? 난 장미 같은 거 보내지 않았이.”

“정말? 진짜 예쁘던걸! 향기도 암브로시아만큼이나 달콤했어.”

페르세포네가 소리쳤다. 그러자 지나가던 학생들이 무슨 일인가 하고 멈춰 서서 귀를 기울이기 시작했다. 아프로디테는 북적북적 늘어나는 구경꾼 중에 메두사와 파마가 섞여 있는 것을 보고 내심 즐거워졌다. 둘이 고개를 맞대고 있고, 파마가 어쩌고저쩌고 신 나게 속삭이고 있는 걸 보니 틀림없이 방금 전의 대화를 들은 게 틀림없었다. 메두사 머리의 뱀이 파마의 뾰족 머리카락 사이를 드나들어도 파마는 아무렇지 않은 것 같았다. 아니면 소문을 퍼뜨리느라 너무 바빠서 머리에 뱀이 왔다 갔다 하는지도 모르는 모양이었다.

아프로디테는 아주 감동적이라는 표정으로 아레스를 바라보았다.

“그런 꽃이라면 어떤 여자의 마음이라도 얻을 수 있을 거야.

그렇지, 아테나?"

아테나는 눈썹을 파르르 떨며 과장되게 한숨을 폭 쉬었다.

"당연하지."

"어……."

아레스가 아테나와 아프로디테를 번갈아 보며 쭈뼛거렸다.

'아하, 아레스. 이 사건을 어떻게든 네게 유리한 쪽으로 끌어가 볼까 해서 머리를 굴리는 중이구나? 넌 정말이지 계산적인 애였어. 난 왜 예전에는 그걸 못 알아봤지?'

마침내 아레스가 말문을 열었다.

"아마 내가 보낸 게 맞을 거야. 마음에 든다니 다행이네."

아레스가 최대한 매력적인 미소까지 지어 보이자 아프로디테는 속으로 생각했다.

'흥, 아테나가 너한테 반해서 제우스 신께 대신 부탁을 해 주지 않을까 하고 기대하는 거지? 뻔해.'

"응, 정말 마음에 들었어."

아테나가 고개를 끄덕이며 말을 이었다.

"물론 난 받을 수 없지만 말이야."

"엉?"

아레스는 당황한 듯 갈피를 잡지 못했다.

메두사가 아프로디테와 아레스 쪽으로 더 다가오자 구경하던 몇몇 인간들이 혹시라도 메두사와 눈을 마주치게 될까 봐서 몸을 움츠리거나 손으로 눈을 가렸다. 파마도 한마디라도 놓칠세라 귀를 쫑긋 세우고서 몸을 앞으로 숙였다.

아르테미스가 말했다.

"그래. 아테나, 그렇게 예쁜 꽃이 실수로 네게 배달된 거라니 정말 안됐다."

"엉?"

이제 아레스는 완전히 어리벙벙한 것 같았다.

"네가 꽃다발이랑 같이 보낸 카드를 너무 늦게 봤지 뭐야."

아테나는 메두사를 똑바로 쳐다보며 말을 이었다.

"메두사, 넌 참 행운아야!"

메두사의 눈이 휘둥그레졌다. 그러나 메두사는 금방 초록색 립글로스를 바른 입술에 헤실헤실 미소를 걸더니 꿈꾸는 것 같은 표정으로 아레스를 바라보았다.

"나한테 장미를 보냈어?"

"뭐?"

아레스의 얼굴에 장미꽃이 우수수 피어난 것 같았다. 아레스는 멈칫멈칫 뒤로 물러났다.

"잠깐만, 난 절대……."

그러자 아프로디테가 둘 사이에 끼어들면서 메두사를 향해 미소 지었다.

"꽃을 보면 메두사 너도 정말 마음에 들어 할 거야! 여자아이라면 누구라도 좋아할걸?"

순간 메두사의 미소가 사그라졌다. 메두사와 머리의 뱀들은 아프로디테, 아테나, 페르세포네, 아르테미스를 수상쩍은 듯이 바라보았다. 메두사가 인상을 팍 찌푸리며 머리의 뱀을 쓰다듬자 뱀은 스르르 메두사의 팔목을 감고서 낮게 쉿쉿거렸다.

"설마 우리를 놀리려고 그러는 건 아니지?"

메두사가 의심쩍은 눈초리로 물었다.

'우리? 지금 자기랑 파마 이야기를 하는 거야? 아님 자기랑 저 뱀들을 가리키는 거야? 어쩌면 둘 다일 수도 있겠다.'

아프로디테는 속마음을 감추고서 순진한 척 되물었다.

"우리가 왜 그런 짓을 해?"

아르테미스가 어깨를 으쓱하더니 한마디 했다.

"네가 싫다면 아테나가 기꺼이 대신 받을 거야."

아테나가 열심히 고개를 끄덕여 보여도 메두사는 여전히 미심쩍어 하는 눈치였다. 그러자 페르세포네가 나섰다.

"네 방 앞에 꽃다발을 갖다 뒀어."

아테나도 거들었다.

"우리 이야기가 믿기지 않으면 네가 직접 가서 확인해 봐."

메두사가 뭐라고 대꾸하기도 전에 파마가 구경꾼들을 밀치고 위층으로 달려 올라갔다. 그 모습을 보며 아프로디테는 내심 확신할 수 있었다.

'당장 메두사의 방으로 직행하는구나.'

메두사가 서둘러 파마의 뒤를 쫓아가며 소리쳤다.

"파마, 기다려. 그 꽃은 내 거란 말이야!"

아프로디테와 세 친구는 서로 쳐다보며 싱글싱글 웃었다. 꽃다발에 달린 카드는 네 여신이 헤르메스 꽃 배달 서비스에 아레스의 이름으로 써 달라고 부탁해 둔 것이었다. 일단 파마가 장미와 그 카드를 보게 되면 얼마 지나지 않아 아레스와 메두사의 이름은 짝이 되어 모두의 입에 오르내릴 게 분명했다. 아레스도 그 점을 깨달았는지 얼굴에 걱정을 가득 담고서 메두사를 뒤쫓아 위층으로 달려 올라갔다.

몇몇 구경꾼은 무슨 일이 벌어질지 구경하러 위층으로 덩달아 뛰어가고, 나머지는 이 예상 밖의 새 커플 탄생이 주는 장점과 문제점을 재잘재잘 떠들기 시작했다.

아프로디테는 기분 좋은 한숨을 내쉬었다.

"이렇게 서로에게 딱 맞는 인연을 맺어 주는 건 처음이야."

지난 며칠에 비해 마음이 한결 가벼워진 아프로디테는 몸을 숙이고서 아르테미스의 개들을 쓰다듬어 주었다. 심지어 수에즈가 손에 침을 흘려도 신경 쓰지 않았다.

시간이 흐른 뒤 네 친구는 학교 한쪽에 자리한 운동장 옆을 지나서 슈퍼파워 슈퍼마켓으로 갔다. 그러고는 거기서 과자 몇 개를 산 다음, 장난삼아 엉뚱한 주문을 외우며 학교로 돌아왔다. 공중에서 사탕과 과자가 춤을 추자 아프로디테의 개들이 신이 나서 까불어 댔다. 특히 앰비는 귀를 펄럭이며 훌쩍 뛰어오르더니 과자를 잡아채고서 게 눈 감추듯 쩝쩝 먹어 치웠다.

"달리기 경기 할래?"

운동장 가까이 다가가자 아르테미스가 물었다. 그러자 페르세포네가 키득거리며 대답했다.

"날개 달린 샌들 없이는 안 할래."

문득 아테나가 물었다.

"얘들아, 아탈란테만큼 빨리 달리는 아이가 또 있을까?"

"음, 아레스도 꽤 빨라."

아프로디테가 대답했다. 그러자 친구들은 어떻게 아직도 아레스에 대해 좋게 이야기할 수 있느냐는 듯이 놀란 눈으로 아프로디테를 쳐다보았다. 아프로디테는 어깨를 으쓱하고 말했다.

"그렇다고 해서 내가 아직도 그 애를 좋아한다는 뜻은 아니야. 너희도 아레스가 1학년 때부터 올림픽 달리기 경주에서 쭉 우승했다는 거 알고 있잖아."

아르테미스가 고개를 끄덕였다.

"그래. 그렇지만 아레스가 아탈란테를 이길 수 있을 거라 생각해?"

"아마도."

아프로디테는 활짝 웃으며 말을 덧붙였다.

"특히 메두사가 뒤쫓아 오면 가능할지도 모르지."

네 여신은 신 나게 웃으며 학교 뜰에 도착했다. 넷이 지나가자 계단 아래에 모여 있던 남학생들이 일제히 고개를 돌리고 아프로디테를 쳐다보았다.

"아프로디테!"

며칠 전 키클롭스 선생님 수업 때 아프로디테 때문에 얼굴이 발갛게 달아올랐던 켄타우로스가 말을 걸었다.

"이번 주 학교 댄스파티 때 나랑 같이 춤춰 줄래?"

"잠깐! 내가 물어보려 했단 말이야!"

포세이돈이 쏙 끼어들었다.

"나도 마찬가지거든."

또 다른 소년 신까지 나서자 아르테미스는 눈을 빙글 굴리더니 속삭였다.

"이제 모든 게 정상으로 돌아온 것 같네."

"언젠가 아프로디테 너도 누군가를 열렬히 짝사랑하는 게 어떤 느낌인지 알게 될 거야."

페르세포네가 장난스럽게 아프로디테를 몰아붙였다. 곁에서 아테나도 함박웃음을 지으며 고개를 끄덕였다.

"그거 진짜 기대되는걸!"

그러자 아르테미스는 걱정스러운 얼굴로 말했다.

"얘들아! 아프로디테를 누구랑 엮으려 하지 마. 이제 아프로디테는 그런 거 필요 없어."

그 말에 아프로디테는 고개를 갸웃하며 대답했다.

"아니, 나도 필요해."

아프로디테는 생각했다.

'그래. 남자애들은 참 성가시게 굴어. 하지만 그중에 상냥한

애들도 있잖아.'

아프로디테는 잔뜩 기대에 차 있는 켄타우로스를 향해 생긋 웃으며 대답했다.

"너랑 춤출게. 그런데 너 춤 잘 추니?"

"못 추는 편은 아니야."

켄타우로스는 활짝 웃으며 발굽을 달가닥달가닥 굴렸다.

"저 녀석 말 믿지 마!"

포세이돈이 소리쳤다.

"저 녀석 왼발만 두 개인 거 안 보여? 그래 가지고 제대로 춤이나 추겠어?"

주변에 서 있던 남자애들이 "푸핫!" 하고 웃음을 터뜨리더니 땅바닥을 데굴데굴 구르며 서로 기분 좋게 밀치락거렸다.

아테나는 남자아이들의 어이없는 짓에 고개를 설레설레 흔들며 은근슬쩍 한마디를 했다.

"하여간 남자애들은 완전 어린애들이라니까."

"내 말이 그 말이야."

아르테미스가 맞장구를 치자 페르세포네가 생글생글 웃으며 거들었다.

"쟤네는 절대 철이 안 들 거야. 그것만큼은 확실해."

"철들게 만들 수 있다면 정말 그렇게 할 거야?"

아프로디테는 친구들에게 질문을 던지고서 남자아이들을 향해 소리쳤다.

"얘들아, 댄스파티 때 봐!"

모든 남자아이들이 아프로디테의 미소에 넋이 나가서 입을 떡 벌린 채 그 자리에 멍하니 굳어 버렸다.

"내가 말했잖아. 이제 모든 게 정상으로 돌아왔다고."

아르테미스의 말에 페르세포네와 아테나는 까르르 웃음을 터뜨렸다. 아프로디테도 깔깔거리며 한마디를 했다.

"이제 그 반대 상황은 절대 사양하겠어."

네 친구는 서로 팔짱을 끼고 학교를 향해 사뿐사뿐 발걸음을 내딛었다.

옮긴이의 말

어딜 가도 그런 친구가 꼭 하나씩은 있지요? 얼굴도 예쁘고, 공부도 잘하고, 운동도 잘하고, 성격까지 좋아서 늘 부럽기만 한 아이 말이에요. 난 뭐 하나 잘하는 게 없는 것 같은데 뭐든지 잘하는 그 애를 보면 부럽기도 하고 솔직히 시샘도 나지요. 그 애처럼 될 수 있다면 세상에 부러울 게 없을 것 같고 말이에요. 그런데 오늘 아프로디테의 이야기를 읽어 보니 어떤가요? 미와 사랑의 여신조차 정작 자기 마음은 어쩌지 못해서 질투를 하잖아요?

그래요. 세상에 완벽한 사람은 없답니다. 우리는 조금씩 모양이 다를 뿐 부족한 면이 있어요. 그리고 반대로 조금씩 남보다 나은 면이 있기 마련이랍니다. 그래서 아프로디테, 아테나, 페르세포네, 아르테미스는 성격도 취미도 생활 습관도 다르지만 단짝으로 지낼 수 있는 거예요.

아프로디테만 넷 있다면 맨날 서로 질투나 하고, 아테나만 넷 있다면 공부만 하다가 친구 하나 제대로 못 사귀고, 페르세포네만 있다면 서로 속마음을 못 털어놔서 거짓말만 하고, 아르테미스만 있다면 툭하면 욱해서 싸움이 터지지 않겠어요? 하지만 자신

감 넘치는 아프로디테가 앞에서 끌어 주고, 생각이 깊은 아테나가 지혜를 더하고, 상냥한 페르세포네가 갈등을 다스리고, 의리 있는 아르테미스가 친구들을 받쳐 주니까 네 여신은 올림포스 학교에서 가장 멋진 친구가 될 수 있는 거예요.

그러니까 혹시 여러분이 지금 친구의 장점을 질투하고 있다면 그런 마음은 털어 버리세요. 그 친구가 나의 단짝이면 내게도 그만한 장점이 있기 때문이고, 또 그 친구에게도 나름대로 약한 면이 있을 테니까요.

사랑의 여신 아프로디테는 그 사실을 깨닫고 나서 친구들을 진정으로 아끼는 마음의 아름다움까지 갖출 수 있게 되었어요. 그러니 우리도 오늘부터 내 주변 친구들에게 사랑의 여신이 되기로 해요. 하루하루 더 아름다워지면서 다음 이야기에서 만나요!

옮긴이 **김경희**

지은이 조앤 호럽, 수잰 윌리엄스

조앤 호럽은 문예상을 받은 작가로, 지금까지 어린이 독자를 위해 125권이 넘는 책을 썼다. 대표작으로는 《샴푸》, 《마멋 날씨 학교》, 《개는 왜 짖을까?》, 그리고 〈인형 병원〉 시리즈 등이 있다. 책에서 새로운 아이디어 얻기를 좋아한다는 점에서 네 명의 소녀 신 중 아테나와 가장 비슷하지 않나 하고 생각한다.

수잰 윌리엄스는 어린이를 위해 30권이 넘는 책을 썼고, 문예상 수상 작가이다. 대표작으로는 《책벌레 릴》, 《엄마가 내 이름을 모른대요》, 《우리 집 강아지는 부탁할 줄을 몰라》, 〈파워 공주〉 시리즈, 〈꽃봉오리 요정〉 시리즈가 있다. 남편분 말로는, 수잰 선생님은 귀찮은 질문(주로 왜 컴퓨터가 제대로 안 돌아가는지에 관한 질문이라고 한다)을 하는 판도라랑 비슷한 편이라고 한다. 물론 판도라는 절대로 컴퓨터를 쓸 일이 없겠지만.

옮긴이 김경희

초등학교 때 다른 아이들이 텔레비전을 보는 동안 《그리스 로마 신화》, 《일리아드》, 《오디세이아》, 《플루타르크 영웅전》을 줄줄 외울 정도로 읽고 또 읽었다. 제일 좋아하는 여신은 사냥의 신 아르테미스였는데 정작 본인은 운동에 영 소질이 없었다. 그래서 헤라클레스처럼 열두 가지 모험을 하고 올림포스산에 가 보고 싶었지만 엄두도 낼 수 없었다. 어린이 독자를 위해 〈올림포스 여신스쿨〉 시리즈를 번역하면서 신나는 모험을 즐겼다.

3 아프로디테의 질투

초판 1쇄 발행 2012년 9월 10일
초판 6쇄 발행 2024년 12월 1일

글 조앤 호럽, 수잰 윌리엄스 그림 이영 옮김 김경희
발행인 양원석 **발행처** (주)알에이치코리아 (등록 2004년 1월 15일 제2-3726호)
주소 08588 서울시 금천구 가산디지털2로 53, 20층(한라시그마밸리)
편집문의 02-6443-8921 도서문의 02-6443-8800 홈페이지 rhk.co.kr
블로그 blog.naver.com/randomhouse1 포스트 post.naver.com/junior_rhk
인스타그램 @junior_rhk 페이스북 facebook.com/rhk.co.kr

ISBN 978-89-255-4740-4 (74840)
ISBN 978-89-255-4737-4 (세트)

※ 제조자명 (주)알에이치코리아 | 제조국명 대한민국 | 사용연령 8세 이상
※ 종이에 손이 베이거나 모서리에 다치지 않게 주의하세요.
※ 잘못 만들어진 책은 구입하신 곳에서 바꾸어 드립니다.